Verena Liebers

Abgelaufen

Geschichten zwischen Joggingrunde und Ultralauf

Impressum

Lektorat: Erwin Puschkarsky, Hürth

Einband: Agon Sportverlag, Martina Backes

Satz: AGON Sportverlag
Druck: Scandinavian Book, Bremen

Frankfurter Straße 92a
D – 34121 Kassel
Telefon 05665-405 84 20 / Fax 05665-405 84 21
eMail info@agon-sportverlag.de

ISBN 978-3-89784-390-5

www.agon-sportverlag.de

Verena Liebers

Abgelaufen

Geschichten zwischen Joggingrunde und Ultralauf

AGON
SPORTVERLAG

Inhalt

Es ist in keinem Bereich gut, verbissen zu sein.
Roger Weil

Für Neueinsteiger

Wer mit dem Laufen beginnt, wünscht sich oft Gleichgesinnte. Die findet man beim Lauftreff und im Bücherregal.

Wer mein Buch in die Finger bekommt, wird wahrscheinlich bald bemerken, dass ich keine Anfängerin bin. Ich laufe solange ich mich erinnern kann und die Geschichten, die ich hier erzähle, sind mir alle beim Sporteln passiert. Das sollte aber die Anfänger nicht abschrecken, denn der Spaß, den ich habe, ist bestimmt nicht von der Streckenlänge abhängig.

Ob Marathoni, Triathlet oder Spaziergänger, wir sind alle Menschen und das ist der Stoff aus dem meine Geschichten sind.

Dazu gleich eine kleine Anekdote vorab: Als Künstlerin habe ich vier Wochen im schönen Soltau in der Heide gelebt. Auch dort führte mich mein erster Weg zum Lauftreff. Die Leiterin hatte einen deutlichen Generationenvorsprung mir gegenüber und reichte mir gerade bis zur Brust. Sie sah mich mit ihrem Gesicht voller Lebenslinien eine Weile kritisch von unten her an und brummte dann: „Ich nehme an, sie laufen schon immer."

Es war mehr eine Feststellung als eine Frage.

Dann packte sie fünf Bälle aus und alle Lauftreff- und Walkinginteressenten mussten fünf Minuten Ball spielen und Gymnastik machen. Die resolute Dame machte keinen Unterschied zwischen Ultraläufer und Walker, zwischen jungem Hupfer und Rentner. Sie hatte keine unnötigen Berührungsängste, sondern einfach Spaß an der Sache. Nach dem Training wiederholte sich das Ritual, entziehen konnte sich nur der schlagfertige 77jährige, der mich eine Stunde im flotten Trab begleitet hatte.

„Hör Mal willst du nicht mit deiner jungen Dame Gymnastik machen?!", wurde er von Miss Resolut gemahnt.

Aber er erwiderte mit verschmitztem Lachen: „Das habe ich schon im Wald gemacht, da warte ich doch nicht bis du dabei bist."

Und anschließend haben wir alle gelacht.

Vorlauf

Gestern hat mir mein Freund Joghurt aus seinem Haushalt mitgebracht. „Der ist abgelaufen", hat er dazu gesagt.

Wahrscheinlich denkt er sich, mir graust es vor gar nichts mehr, was mit laufen zu tun hat. Weder vor abgelaufenen Schuhen noch den Strecken oder den Typen, die darauf unterwegs sind.

Zum Beispiel der Steppenhahn, mein Arbeitskollege, der entweder Glatze trägt oder schulterlange Locken und entweder gar nicht läuft oder 60 km am Stück.

Oder die Franks, wie ich meine Vereinskameraden nenne (siehe „Abgetaucht", Agon Sportverlag 2010), die immer erst schwimmen und radeln, bevor sie anfangen zu laufen.

Oder die Ultrafamilie, in die jeder hineingeboren wird, sobald er mehr als Marathon läuft. Das sind so wenige Menschen auf der Welt, dase man sich untereinander irgendwie kennt, mindestens über Facebook. Wie in allen Familien sind die Mitglieder ziemlich verschieden, gemeinsam haben wir nur den energiesparenden Schlurfschritt und die globale Nachbarschaft. Schließlich können wir uns alle zu Fuß besuchen, also kann es von Schlurfi zu Schlurfi nicht so weit sein.

Im Moment sind wir alle im besten Alter und hoffen, dass unser Haltbarkeitsdatum noch nicht überschritten ist. Falls aber Gelenke und Sehnen protestieren, halten hoffentlich unsere Freundschaften noch. Dann setzen wir uns bestimmt zusammen an den Ofen und erinnern uns, was wir schon für einen Blödsinn zusammen gemacht haben. Damit wir dabei nichts vergessen, schreibe ich das Wichtigste hier auf.

Alle Jahre wieder

Jedes Jahr sind wir zu viert in Bertlich, nur sind wir jedes Mal ein bisschen andere Vier. Das ist das Wesen eines Vereins, die Gruppengröße bleibt gleich, aber der Charakter ändert sich. Egal, Hauptsache ich bin dabei. Schließlich will ich meine Franks möglichst oft live erleben.

Zum Jahresende hatten wir uns alle für die gleiche Distanz entschieden: 30 km. In Bertlich hätten wir von 5 km bis Marathon nahezu jede Strecke zur Auswahl, aber dafür muss man früher aufstehen. Die 30-km-Läufer starten erst um 12 Uhr mittags und Triathleten am Saisonende finden so etwas toll.

Mein Partner schlug vor, dass wir als Gruppe laufen, das wäre doch besonders lustig. Für ihn ist das deswegen spaßig, weil es ihn nicht sehr anstrengt, denn alle anderen Bertlich-Interessenten waren langsamer. Er kann die ganze Zeit freche Sprüche machen und wir müssen sehen, woher wir genug Luft nehmen, um uns zu wehren. Deswegen fand ich den Gedanken nur bedingt gut und wartete mal ab, was meine Franks dazu meinten. Die haben ja meistens einen Plan und einen Ersatzplan.

Als erstes fragte ich: „Nehmen wir das als Trainingslauf oder als ernsten Wettkampf?"

Die Antwort lautete: „Das entscheiden wir hinterher." Das heißt auf Deutsch, wenn eine schlappe Zeit herauskommt, dann war es ein Spaßlauf, nur so aus dem Training heraus. Wer nachher auf dem Siegertreppchen steht, darf eventuell sagen, dass er sich angestrengt hat. Aber mehr Eindruck macht es auch dann, wenn das quasi aus Versehen passiert ist. In Bertlich starten nämlich die meisten als Vorbereitung für irgendwas. Als letzte Prüfung vor einem Marathon oder zum Warmlaufen für einen 100er oder so. Obwohl die Bertlicher Veranstaltung erstaunliche drei Mal jährlich stattfindet und damit unter den nordrhein-westfälischen Leichtathleten so bekannt ist wie Weihnachten und Ostern zusammen, ist sie nicht wirklich berühmt. Wenn ich einem Berliner oder Münchner erzähle, dass ich in Bertlich Bestzeit gelaufen bin, dann kommt garantiert als erstes die Frage: „Wo ist denn das?" Das ist im Grunde unfair, denn was dieser Verein da auf die Beine stellt, ist schon erstaunlich, und wer bei Google nach Bertlich sucht, findet als erstes den SUS Bertlich 1945 e.V. und nicht etwa die Beschreibung eines Ortes. Für mich befindet sich das Stadtzentrum deswegen auch quasi auf dem Sportplatz. SUS heißt übrigens Spiel und Sport, genau das Richtige sozusagen für unsere Frank-Frankine-Spielegruppe.

Die erste Spielregel von einem Frank lautete diesmal: „Laufen wir genauso wie letztes Jahr, das war doch gut." Ich habe mich anschließend an seine Vorgabe gehalten, der

Frank ist dagegen acht Minuten vor mir und also acht Minuten schneller als im Vorjahr ins Ziel gespurtet. Vielleicht war sein Plan nur ein Trick, damit er sich nicht mit mir unterhalten muss.

In der ersten der zwei 15-km-Runden hatte ich aber noch einen Alternativfrank. Der hat mich darüber auf dem Laufenden gehalten, wo es ihm gerade weh tut. Erst der linke Fuß, dann der rechte und schließlich das Knie, zwischendrin hat er mir noch die Zeiten durchgegeben, die wir pro Kilometer gebraucht haben. Ich habe ihn mit einem Bericht über meinen vorabendlichen Theaterbesuch abgelenkt, aber das hat nicht wirklich funktioniert. Er hat dann noch eine Fliege verschluckt und gesagt „so spare ich mir den Riegel" und danach war er so kraftstrotzend, dass er das Tempo angezogen hat und ich meine Ruhe hatte. Die anderen zwei waren sowieso längst außer Sichtweite.

In Bertlich gibt es aber auch genug anderes zu sehen und zu riechen: Ziegen, Pferde, Felder und manchmal auch Spaziergänger. Hin und wieder überholte ich sogar noch einen Läufer. Bei Kilometer 20 zum Beispiel, einen Typ mit Walkman im Ohr, den er aber extra herausknöpfte, um mit mir zu sprechen: „Auch die 30?"

„Ja."

„Ohje, ohje."

„Wieso, sind doch nur noch zehn?!"

Danach hat er den Walkman wieder rein gesteckt, ich habe ihn überholt und hatte das Gefühl, er fand mich doof.

Etwas netter war es mit einem Typen vom 100-Marathonclub. Da braucht man keine Einführungsfloskeln, sondern kann gleich über das Wichtige reden.

„Sehen wir uns in zwei Wochen beim Gezeitenlauf?"

„In zwei Wochen? Nein, da habe ich gerade mal frei, danach ist Mallorca."

„Warst du letzte Woche beim Küstenmarathon?"

„Nein, Bremen-Marathon."

„Ach so. Aber in Otterndorf ist es echt schön."

„Aber ich bin aus Bremen."

„Naja."

Später habe ich ihn nochmal getroffen, da hat er „Da ist wieder Otterndorf" zu mir gesagt. Meine Werbemaßnahme war wohl ganz schön eindrücklich.

Zwischendrin habe ich noch eine Familie mit Hund und Stofftier gesehen. Es war ein Nilpferd oder ein Elefant, das kann ich nicht so genau sagen, aber ziemlich groß und richtig knuffig, für so etwas habe ich ja ein Faible. Deswegen rief ich spontan: „So ein schönes Tier."

Aber die Familie dachte wohl, eine Läuferin, die da alleine vor sich hin trabt und plötzlich redet, ist irgendwie wirr, deswegen haben sie erst gar nicht reagiert. Hinter meinem Rücken hörte ich dann noch ein Wispern: „Was hat sie gesagt?"

Deswegen habe ich mich extra noch einmal umgedreht und meinen Satz klar und deutlich wiederholt: „Das ist aber ein schönes Tier." Schließlich möchte ich nicht, dass das Image der Läufer noch schlimmer wird, als es schon ist. Die Spaziergänger haben dann auch ganz begeistert „Danke" gerufen. Aber ich fürchte, sie haben das Kompliment an ihren Hund weiter gegeben, der immerhin nicht gebellt und gebissen hat, aber ansonsten nicht so der Hit für mein

Läuferherz war.

Danach war ich aber auch schon fast auf der Zielgeraden. Ein Polizist breitete die Arme aus und ich bekam den Impuls, ihm entgegenzulaufen wie ich das sonst nur bei meinem Partner mache. Aber kaum, dass ich ihn erreicht hatte, klappte er die Hände wieder nach unten, weil er das nur gemacht hatte, um den Autoverkehr zu stoppen. Ich wäre auch sowieso in keine andere Umarmung gesprungen, als die von meinem Bananenspringer (diesen Kosenamen hat er sich als Super-Betreuer beim Ostseeman–Triathlon erarbeitet, siehe mein Buch „Abgetaucht"). Das war im Grunde nur einer der vielen mentalen Tricks, mit denen sich Sportler in Bewegung halten.

Mein Partner hat da zum Beispiel das mentale Würstchen entdeckt. Er kann einen ganzen Marathon laufen und sich dabei unentwegt auf das anschließende Grillgut freuen. Das ist fast wie die Jagd eines Löwen nach der Antilope, unentwegt rennen und die Muskeln spielen lassen mit dem Leckerbissen vor Augen. Der Unterschied ist nur, dass der Löwe eine richtige Antilope braucht, um in Fahrt zu geraten und wenn er sie erwischt, dann wird er sich auch den Bauch so voll schlagen, dass er die nächsten 24 Stunden nur noch schlafen kann. Mein Freund dagegen motiviert sich allein durch die Bratwurst, die es eventuell geben könnte und falls dann im Ziel tatsächlich eine Grillbude steht, stellt er meistens fest, dass ihm der Appetit eigentlich vergangen ist. Schlafen kann er auch so beliebig lange, dazu braucht er weder Antilopenbratwurst noch Sport. Aber der größte Trick an der Sache ist, dass er das bis zum nächsten Wettkampf alles vergisst und bereitwillig wieder 30 bis 50 km hinter seinem Würstchen herjagt, das er dann doch nicht isst. In Bertlich war dann allerdings mal eine Ausnahme, da hat er ein Real-Wursterlebnis gehabt. Aber auch nur, weil wir Typen aus dem Frank-Verein mit dem Kuchen essen nicht mehr aufgehört haben und er dachte, von der Fleischeslust wird ihm weniger schlecht als von dem Süßkram.

Bis es soweit war, mussten wir uns im Ziel allerdings erst einmal wieder finden und das war eine gelungene Sache. Meine drei Herren waren natürlich vor mir da und so bekam ich einen besonderen Begrüßungsservice. Während die ersten vier Frauen in aller Stille ins Ziel einliefen, wie das in Bertlich eigentlich so üblich ist, erscholl für mich als fünfte ein dreistimmiges La Ola. Folglich schwebte ich auf dieser Welle die letzten Meter ins Ziel und bemerkte dabei gar nicht, dass die Herren aus ihrer dynamischen Position fast nicht mehr hoch gekommen wären. Ein bisschen hatten sie die 30 km wohl doch angestrengt, obwohl sie das natürlich eigentlich niemals sagen würden. Aber als ich von dem Stofftier und meinen anderen Unterwegs-Erlebnissen berichtete, sagte einer der Franks: „Und ich habe unterwegs noch einen Garten umgegraben, ein Feuer gelöscht und ein Kind gerettet." Ich glaube, in dem Moment war er ein bisschen eifersüchtig, dass ich so viel erlebt hatte, während er sich darauf konzentriert hatte, acht Minuten schneller zu sein als letztes Jahr.

Zum Abschluss haben wir dann noch ein cooles Foto von uns gemacht: Mit dem Rücken zur Kamera, damit man das Logo auf unserer Vereinsjacke sieht. Eigentlich war geplant, dass wir trotzdem Richtung Fotoapparat blicken, aber da wir keine Eulen sind, funktioniert das nur bedingt. Jetzt sehen wir auf dem Bild ein bisschen aus wie Verbrecher. Aber das ist nicht so schlimm, wichtig ist nur, dass wir auf den Fotos nie lächeln. Triathleten sind schließlich harte Kerle und Kerlinnen, nicht zu verwechseln mit den lächelnden Läufern, die immer ein bisschen aussehen wie auf einer netten Gartenparty. Für mich ist das natürlich ziemlich gewöhnungsbedürftig, mein Gesicht gab es bisher nie ohne Lachen. Aber das ist doch das Spannende am Triathlon, dass ich neue Dinge lerne.

Auf der Rückfahrt im Auto konnte ich auch noch lernen, dass ein Frank das Steuer sogar dann noch felsenfest in der rechten Hand halten kann, wenn eine Sprudelflasche in seiner linken explodiert.

„Das Auto musste ohnehin mal gereinigt werden", meinte er nur dazu. Ich dachte zwar eigentlich, die Waschanlagen setzen bei den Blechkarren außen an, aber Innendusche hat auch was. Ich war eher um das Outfit des Franks besorgt und dachte mir, ich schenke ihm mal ein Lätzchen mit Totenkopf, das würde zu seiner Ausrüstung noch passen. Mein Freund fand die Idee gut und als wir hinterher am Computer beim Betrachten der Ergebnislisten und Fotos noch so unseren Spaß hatten, erschuf er am Bildschirm gleich einen Frank mit Lätzchen von St Pauli. Das ist fast so wie mit den virtuellen Würstchen, mein Partner braucht da sehr wenig Material für die unglaublichsten Dinge. Natürlich habe ich mich über den Triathleten mit Lätzchen schlapp gelacht und das Bild gleich an den entsprechenden Frank weiter geleitet. Da kam dann als Reaktion auch tatsächlich ein „fein". Das ist für so einen coolen Typen schon ein ziemlich emotionaler Ausbruch. So cool bin ich zum Glück nicht und deshalb konnte ich dann die Nach-Bertlich-Tage fleißig vor mich hin kichern. Und ehe die Erinnerung verblasst, kommt längst der nächste Wettkampf und die Lachmuskeln bleiben in Bewegung.

Darf's auch ein bisschen mehr sein?
Eine Nacht mit dem Steppenhahn

An der Käsetheke kenne ich das schon: Ich bestelle 100 g Emmentaler, die Bedienung legt irgendetwas auf die Waage und sagt: „Das sind 130 g."

Dann entsteht eine kleine Pause und wenn ich will, kann ich jetzt Einspruch erheben. Manche Leute tun das auch. Das ist unterdessen schon so gewöhnlich, dass die Käseverkäuferin manchmal noch nachfragt, ob sie etwas abschneiden soll oder sogar andeutet, dass sie das Käsestück wieder verkleinern will, ehe ich sie wegen der Übergröße ermahnt habe.

Aber ich bin da nicht so. Ich habe sowieso keine Ahnung, was 100 g sind, ich wiege mir meinen Brotbelag nie ab. Ich nehme einfach immer so viel, bis mir mein Brötchen ausreichend belegt erscheint. Manchmal sage ich sogar 100 g und kaufe hinterher doppelt so viel, weil ich mir gar nicht vorstellen konnte, wie klein eine 100-g-Portion ist. Um mir eine Menge vorzustellen, muss ich das immer sehen, fühlen und schmecken. Ich denke einfach nicht abstrakt genug.

Beim Laufen ist das so ähnlich. Marathon klingt irgendwie dramatisch. Aber wenn ich mir denke, das bedeutet einfach zehn Mal den Weg zur Arbeit und zurück, dann ist das eigentlich überschaubar. Und ob ich nun zehn oder elf oder zwölf Mal mein Büro ansteuere, ist im Grunde egal. Bis zur Rente habe ich da den zweistelligen Bereich ohnehin längst verlassen.

Deswegen bin ich also weder an der Käsetheke noch beim Gespräch mit dem Steppenhahn-Stephan leicht zu erschüttern.

Mitte Juli sagte er zu mir: „Ich will gerne 100 km wandern, mal sehen, wie ich so durch die Nacht komme."

„Soso", antwortete ich wenig verwundert und ein bisschen neugierig.

„Das Problem sind die dunklen Waldwege, da fürchte ich mich!"

Der Steppenhahn hatte über sein Projekt offensichtlich schon ein bisschen nachgedacht.

„Na sowas, ich bin oft nachts im Wald unterwegs, ich finde das nicht unheimlich", kommentierte ich seine Pläne.

„Ja, dich könnte man für sowas natürlich mitnehmen", stellte der Steppenhahn daraufhin fest. Anschließend sah ich in den Kalender und sagte: „Am dritten September habe ich Zeit."

„Da ist fast Neumond", überlegte Stephan. Er wusste wohl nicht, ob es wirklich genügt, wenn er außer mir gar keine Leuchte dabei hat. Aber bei Vollmond hatte seine

Tante Geburtstag und deswegen sind wir bei dem Termin geblieben und haben noch Stirnlampen eingepackt.

Nach unserer Verabredung haben wir eigentlich nur noch zwei Mal zwischen Tür und Angel über unser Vorhaben gesprochen. Beim ersten Mal sagte der Steppenhahn: „Als Strecke könnten wir den Wanderweg rund um Bochum nehmen", beim zweiten Mal stellte er fest: „Das sind allerdings keine 100, sondern nur 70 bis 80 km. Ich will eigentlich nur mal wissen, wie ich so durch die Nacht komme."

Mir war das alles schon wieder zu abstrakt, ich wollte es einfach probieren. Dabei erinnerte ich mich noch deutlich an den 24-Stunden-Lauf vor gut zehn Jahren. Das war ganz lustig, nur den Schlaf hatte ich schmerzlich vermisst. Aber angeblich sinkt das Ruhebedürfnis im Alter. Deswegen stehen Rentner gerne um sieben Uhr beim Bäcker und mähen um acht den Rasen. Es war also höchste Zeit für mich, das wieder einmal zu testen.

Für Stephan und mich war damit eigentlich alles klar und wenn es nicht Kollegin Ingrid gegeben hätte, hätten wir wahrscheinlich keine weiteren Planungen vorgenommen. Aber Ingrid bot sich als Verpflegungsstand an und wollte wissen, wann wir bei ihr vorbei kommen, was wir trinken und essen und was sie sonst noch für uns tun kann.

Stephan sah daraufhin einmal auf die Karte und überlegte: „Wenn wir um 20 Uhr losgehen, kommen wir ungefähr nachts um eins vorbei."

Aber Ingrid ist auch so eine, die an der Käsetheke keinen Streit anfängt. Frohgemut erwiderte sie: „Ok, ich kann mir auch den Wecker stellen, dann stehe ich für euch auf."

Am Donnerstag haben wir dann aber beschlossen, anderntags schon um 17 Uhr zu starten. Schließlich musste ich nicht gerade an diesem Freitag vor Neumond Überstunden anhäufen. Es genügte sowieso schon, dass ich eine komplette Arbeitswoche als Tourenvorbereitung hatte. In unserer kurzen Planungsphase hatte ich zum Steppenhahn nachdenklich gesagt: „Rund um Bochum – dafür wollte ich eigentlich nicht unbedingt Urlaub nehmen?!"

„Das ist auch gar nicht notwendig", beruhigte mich der Steppenhahn großzügig. Erst später bemerkte ich, dass er allerdings zwei Ferienwochen zwischen Rheinsteig und Nordsee verbracht hatte, ehe wir starteten. Offensichtlich dachte er, dass sein Urlaub für mich mit reichte. Deswegen konnten wir die Route auch erst Freitag früh festlegen, denn bis dahin war er unterwegs, während die Karte in irgendeiner Schublade dämmerte. Stattdessen habe ich mir nochmal den Mondkalender angesehen und festgestellt, dass der dritte September günstig für Oberschenkeloperationen, Sitzbäder und Blumen gießen ist. Über den Einfluss des Mondes auf Wanderungen konnte ich leider nichts in Erfahrung bringen.

Ich sagte meinem Partner also, dass ich die nächste Nacht mit dem Steppenhahn verbringen würde, um 17 Uhr sortierten wir rasch noch ein paar Kartenblätter, die ich schon im Hellen nicht lesen konnte und dann ging es los.

Das Wetter war bestens und unser Tempo rekordverdächtig. Laufen hatte der Steppenhahn kategorisch abgelehnt, aber aus irgendwelchen Gründen wollte er wohl trotzdem dieselbe Geschwindigkeit erreichen. Ich ließ mich also wieder auf ein bisschen mehr von dem Käse ein und stürmte mit ihm entlang unserem geliebten Bochum. Das Wetter war perfekt und einer von uns beiden sagte immerzu wie schön es gerade ist:

„Riech mal das frisch gemähte Heu!"

„Sieh mal, solche weiten Felder und das so nah an der Stadt!"

„Wow, Industrie und Landschaft, das hat echt Atmosphäre."

Wenn wir gerade nicht mit Jubilieren beschäftigt waren, kauten wir Brötchen oder erzählten uns aus unserem Leben. Auf diese Weise waren die ersten viereinhalb Stunden sehr kurzweilig und dann hatten wir Ingrid erreicht. Dort gab es heißen Tee, Kekse, Brot und wenn wir gewollt hätten, wäre es noch zu einer richtigen Nudelparty geworden. Aber wir wollten lieber rund um Bochum, ließen uns von Ingrid noch ein paar Geheimwege zeigen und dann marschierten wir wieder los. Mittlerweile war es dunkel, und zwar richtig, denn Mond und Sterne waren noch nicht wach. Wir versuchten das zuerst mental anzugehen.

„Katzen können super in der Nacht sehen", bemerkte ich.

„Uiuiui", jaulte Stephan neben mir und klang dabei schon ziemlich katzenhaft.

„Man muss den Weg mehr spüren als sehen", ergänzte ich und eine Weile spürten wir uns über Schlaglöcher und Baumwurzeln. Dabei sank unsere Geschwindigkeit auf Schneckentempo und weil wir schließlich nur eine Nacht zusammenverbringen wollten und nicht einen Monat, schaltete Stephan schließlich seine Stirnlampe ein. Schlagartig breitete sich daraufhin ein zwei Meter langer Schatten vor mir aus.

„Ich bin ein Riesenweib", stellte ich erstaunt fest.

Hinter mir kicherte Stephan: „Was bist du?" Dann überholte er, daraufhin war ich verschwunden und der Weg gut erleuchtet. Das stellte sich für den weiteren Verlauf als günstige Konstellation dar. Um innerhalb der vielen Pfade die Strecke rund um Bochum zu finden, gab es eine Markierung: Ein kleines weißes B. Das war auf Bäume und Pfosten gezeichnet, aber leider ohne Fluoreszenzfarben. Das wäre nochmal ein Tipp für den Tourismusverband, dass sie die Wanderwege mit Leuchtstiften ausschildern. Dann würde das Nachtwandern bestimmt irgendwann Mode werden. Aber so wie es jetzt ist, braucht man zusätzlich zu den Bs einen Steppenhahn und den gibt es nur einmal. Insofern ist das ein Nachtwanderungs-Begrenzungsfaktor. Da er den Weg schon einmal im Hellen gegangen war, hatte er eine Vorstellung, wo sich die Bs verstecken konnten. Und siehe da, kaum leuchtete er mit seiner Stirnlampe auf einen kleinen Zweig im Unterholz, schon sprang uns ein B entgegen. Nur zwei Mal klappte es nicht so ganz mit der Orientierung. Einmal war das B auf zwei Meter Höhe angebracht, weshalb wir eine graue, düstere Straße, die man gerne schnell hinter sich lässt, ein zweites Mal entlang wandern mussten, ehe wir erkannten, dass sie gar nicht zur Strecke gehört. Das andere Mal standen wir an einem Bauzaun, weit und breit kein B und Stephan sagte: „Siehst du, da ist die Unterführung, da müssen wir durch."

Ich starrte durch die Gitterstäbe und erkannte ein Stück Dunkelheit, das noch schwärzer war als die Nacht. Das war der Tunnel.

„Der wird schon nicht einstürzen", beschloss Stephan und schob sich durch eine Lücke im Zaun. Ohne B und ohne Stephan wollte ich auch nicht sein und kletterte hinterher. Im Tunnel stand der Weg unter Wasser, aber das konnten wir zum Glück nicht sehen, sonst wären wir wohlmöglich verzagt. So haben wir nur nasse Füße bekommen. Dafür war das B auf der anderen Seite des Tunnels wieder da.

Anschließend wurde es noch ganz romantisch, die Mondsichel war aufgegangen, außerdem jede Menge Sterne und um uns herum breiteten sich nebelbedeckte Felder aus. Außer uns Wanderern war niemand unterwegs, aber plötzlich zuckte Stephan zusammen und blieb stehen: „Ein Fuchs!"

„Da musst du dich nicht fürchten", beruhigte ich ihn. „Wenn er dich beißt, hat er die Tollwut, aber ansonsten läuft er sowieso weg."

Stephan hat sich danach glaube ich überlegt, ob es wirklich sinnvoll ist, eine Biologin mit auf Nachtwanderungen zu nehmen.

Mittlerweile waren wir weitere fünf Stunden stramm marschiert, mir tat allmählich alles weh. Irgendwie musste ich an meine Klavierlehrerin denken, die hat früher immer gesagt, Pausen sind total wichtig. Die ganze Stimmung einer Sonate geht flöten, wenn ich die Pausen verhudele.

Weil das für das richtige Leben auch zutrifft, aber keine Bank da war, haben wir uns um 4 Uhr 21 einfach auf die Stufen vor einem Haus gesetzt. Wir zogen unsere Schlammschuhe aus, packten warme Sachen und unser Picknick aus. Gerade als wir alle sechs Stufen komplett belegt hatten, öffnete sich die Haustür. Eine Frau mit Kaffeebecher in der Hand kam heraus.

„Wir frühstücken gerade", sagte ich und dachte eigentlich, dass sie jetzt gleich schreiend die Tür wieder zuschlagen würde. Abgesehen von der Giraffe in meinem Rucksack, sahen wir ziemlich wie Landstreicher aus und wahrscheinlich rochen wir auch so. Aber die Dame ließ sich nicht aus der Ruhe bringen, balancierte zwischen uns über die Stufen, murmelte: „Jaja, machen sie mal“, und schwupps saß sie in ihrem Auto und fuhr los. Seitdem frage ich mich, ob eigentlich alle Menschen wach sind, bevor sie aufstehen.

Als nächstes kam dann der Zeitungsbote, der war ganz interessiert und staunte nicht schlecht, als wir ihm erzählten, wie lange wir schon unterwegs waren. Als wir einigermaßen durchgefroren waren, beschlossen wir weiter zu gehen. Ich versuchte eine Technik, bei der die Füße nicht den Boden berühren. Als mir das nicht gelang, schlug ich vor, die nächste Straßenbahnstation anzupeilen. Stephan erinnerte mich zwar noch daran, dass ich unbedingt den Sonnenaufgang erleben wollte, aber ich hatte das mental ohnehin schon weiter entwickelt: „So ein netter Zeitungsbote. Also das war doch richtig wie ein Sonnenaufgang.“

Bis zu den öffentlichen Verkehrsmitteln war es aber sowieso noch so weit, dass es doch schon hell wurde. Ganz unspektakulär, wie das in der Stadt so ist. Immer mehr Berufstätige tauchen auf, die zur Arbeit wollen und plötzlich fahren die Autos wieder ohne Licht. Da war von der Sonne noch gar nichts zu sehen und es war so kalt, dass mir meine sieben Kleiderschichten wie ein Sommerdirndl vorkamen.

Jedenfalls war der Steppenhahn auch damit zufrieden, die Runde um Bochum in ein angeschnittenes Ei zu verwandeln. Plötzlich tauchte ein Bus in die richtige Richtung auf, ich stieg sehr behutsam die Stufen nach oben und Stephan gab mir zur Feier des Tages ein Ticket aus.

Auf dem Weg von der Bushaltestelle zu Stephans Garten sagte er dann immerzu: „Geh nicht auf der Straße, da kommst du doch jetzt nicht so schnell weg“ und ich zeitlupte mich also auf den Bürgersteig, obwohl mir das wie ein ziemlicher Umweg vorkam. Dann musste ich noch sechs Kilometer nach Hause radeln, auf denen ich fast erfroren wäre. Dabei hätte ich sogar noch eine Jacke im Rucksack gehabt. Aber nach 12 Stunden wandern und ungefähr 70 Kilometern unter den Fußsohlen fand ich es einfach zu anstrengend, den Rucksack noch einmal abzusetzen. Ich wundere mich eigentlich auch, wie ich über den Badewannenrand gekommen bin. Aber höher als der Bauzaun war er wohl auch nicht.

Jedenfalls weiß ich jetzt, dass ich für solche Aktionen noch nicht alt genug bin. Ich brauche immer noch meinen Schlaf, ab vier Uhr nachts lasse ich einen Zeitungsboten als Sonnenaufgang durchgehen und stelle fest, dass ich den Charme von Landschaft und Steppenhahn mit schmerzenden Füßen nicht mehr genießen kann. Meine Klavierlehrerin hatte eben Recht. Immer Wandern ist genauso langweilig wie immer Pause, die Mischung macht es. Ich bin eigentlich auch gar kein Fan von 24-Stunden-Läufen, Museumsnächten und Lesemarathons. Das ist doch alles schon wieder Schnee von gestern. „Wie lange halten wir das Laufen, Lesen und Schauen durch?“, haben sich die Begründer dieser Ultrabewegungen gefragt. Aber ich denke unterdessen, wahrscheinlich gibt es gar keine Grenze. Jeder Rekord, den ich kenne, hat jedenfalls nur wieder einen neuen provoziert. Aus 24 wurden 48 Stunden und schließlich Mehr-Tagesläufe, im Bochumer Museum lesen sie zurzeit eine Woche non stopp und vielleicht wird bald jemand rund um Bochum lesen.

Aber das ist mir egal. Die neue Frage heißt für mich, wieso aufhören so schwierig ist und das nächste Mal kaufe ich an der Käsetheke den Emmentaler mit extra vielen Löchern. Dann darf es gerne auch ein bisschen mehr sein, damit ich es mit dem Steppenhahn teilen kann.

Der Regenbogenkuss

Triathlon ist so eine Art Kombinationsspiel. Miteinander kombinieren lassen sich verschiedene Streckenlängen, Höhenprofile und Wetterbedingungen. Dabei ist das Ganze so trickreich angelegt, dass ein Außenstehender die Regeln eigentlich nie begreift. Als Insider weiß ich nun: die Regeln sind unregelmäßig! Selbst wenn sich eine Strecke „Olympische Distanz" nennt und damit suggeriert, das Ganze wäre so genau vermessen wie eine Marathonstrecke, bezieht sich das allenfalls auf die Mindestangaben. Wer olympisch startet, muss mindestens 1500 m schwimmen, 40 km Rad fahren und 10 km Laufen. Wenn sich keine passende Strecke findet, darf es durchaus ein bisschen mehr sein. Das ist vorher aber nicht unbedingt bekannt, jedenfalls mir nicht.

Ich meldete mich also beim Möhnesee Triathlon für die Olympische Distanz an und dachte, ich wüsste so ungefähr, was auf mich zukommt. Etwa drei Stunden Sport und dann ein schönes Eis am See mit meinem Schatz, dem Laufgott und Bananenspringer (siehe „Abgetaucht“, Agonsportverlag 2010), so stellte ich mir das vor. Mein Begleiter würde entdecken, dass er auch ein Rad- und Schwimmgott ist und selig würden wir unser Olympia feiern. Das war meine Phantasie.

Stattdessen kam nach einem harten Winter, der mich das Schlittschuh-Radeln lehrte, der sehnlich erwartete Sommer mit einem Schlag. Also nicht wohlige 25 Grad mit kühlen Nächten, sondern die ganze Hitze auf einmal und ohne Abkühlung. In meiner Dachwohnung herrschten vierzig Grad und durch das offene Fenster kam eigentlich nur Lärm herein, denn kühlere Luft gab es draußen auch nicht. Unter diesen Bedingungen ist es schon schwierig für einen Triathlon zu packen, denn dabei muss ich mich konzentrieren. Schuhe, Startpass, Chip für die Zeitmessung, Getränke und Kleidung. Nackte Bäuche sind verboten, weil Triathlon schließlich keine Peepshow ist. Also einfach nur mit Bikini starten geht nicht. Der Neopren war diesmal auch verboten, weil wir in den schwarzen Gummianzügen wohl einem kollektiven Hitzekollaps erlegen wären. Nun war ich also gerade so weit, dass ich einen Neopren besaß und gelernt hatte, seinen Auftrieb als Schwimmhilfe zu nutzen, zack, da war es wieder vorbei mit der Unterstützung. Aber das war noch das kleinste Problem, nur wusste ich das zu dem Zeitpunkt noch nicht.

Das Schwimmen war angesichts der Hitzewelle im Grunde die einzig sinnvolle Beschäftigung an diesem Tag und deswegen habe ich es möglichst lange ausgekostet. Aber irgendwann musste auch ich das Wasser verlassen und die johlenden Zuschauer ertragen, während ich mir den Seetang aus dem Gesicht klaubte. Mein Fahrrad konnte ich in der Wechselzone gut wieder finden, weil meine „Mücke" mit ihrem rosa Lenkerband und dem Lillifee-Sattel ziemlich einmalig ist. So etwas ist normalerweise bei den harten Sportlern natürlich nicht üblich, da ist alles schwarz. Ich hätte es aber ehrlich gesagt auch ohne diese Markierung leicht entdeckt, denn die anderen Räder waren mal wieder alle schon unterwegs, die hatten es doch sehr eilig. Auf diese Weise hatte ich die Radstrecke erst einmal für mich allein. Sieger und Schlusstruppe teilen in dieser Hinsicht das gleiche Schicksal. Aber ich glaube, die Siegertypen sind mental anders drauf als ich und haben außerdem ein Führungsfahrzeug. Ich dachte jedenfalls ständig, ich hätte mich verfahren. Irgendwie kam es mir seltsam vor, dass ich so ganz alleine durch den Wald rollte. Das sollte doch ein Wettkampf sein?! Mangels sportlicher Kollegen kämpfte ich gegen die Höhenmeter, die sich mir in den Weg stellten.

Vor so einem Wettkampf denke ich immer, es könnte doch einfach mal gut laufen. Ich bin nicht super vorbereitet, bin unausgeschlafen und unsicher, ob mein T-Shirt und meine neuen Socken optimal sind. Schließlich sind es Radsocken und damit muss ich nachher laufen. Die Industrie mit ihren verfeinerten Angeboten weiß gar nicht, welches Durcheinander sie in meine Planung bringt. Natürlich ist mir klar, dass ich die Kleidung, das Essen und mich immer vorher testen soll, meine Franks befinden sich ständig in solchen Testphasen. Deswegen essen sie dann plötzlich Salztabletten auf Zehn-Kilometer-Läufen oder schwimmen mit Strümpfen. Aber ich denke immer, irgendwie ist doch das ganze Leben eine Testphase.

Naja, jedenfalls gestehe ich, ich habe nicht das Optimum getan, aber wenn die Bedingungen gut sind, könnte es doch trotzdem lustig werden.

Aber nun waren die Bedingungen eben nicht gut. Ich hatte schon zwei Tage lang Kopfschmerzen, es war noch heißer als heiß und die Höhenmeter, die auf der Karte so winzig aussahen, entpuppten sich als echte Bremsklötze. Meine Apfelschorle schmeckte wie Glühwein und ich fragte mich, inwieweit mein Magen so ein sonnenvergorenes Getränk tolerieren würde.

Irgendwann zeigte mein Tacho dann 40 km an und ich dachte, jetzt muss ich gleich da sein, aber die Straße ging nur immer wieder weiter und weiter und da war nichts und niemand außer ein paar Badegästen. Du liebe Zeit, schwitzte ich, wenn ich mich wirklich verfahren habe, werde ich sicher disqualifiziert – falls ich überhaupt jemals in diese Welt zurück finde. Aber dann überholte mich plötzlich ein Radler und auf meine Nachfrage sagte er: „Es sind noch 2 km!“ Irgendwie wusste er schon, dass die Strecke ein bisschen über-olympisch ist. Nach 45 km konnte ich mein Rad also endlich abstellen und da stand dann auch schon der Laufgott und applaudierte, als ich auf die Laufstrecke trabte.

„Das wird jetzt schön“, sagte er und ich ahnte, dass er das ironisch meinte. Mittlerweile war es nach 16 Uhr, der Asphalt hatte die ganze Hitze des Tages gespeichert und die Sonne knallte weiter unbarmherzig, kein Wölkchen weit und breit. Aber laufen, meine Lieblingsdisziplin! Endlich nicht mehr ertrinken, nicht mehr aus der Kurve getragen werden und meine Knochen an einem Baum sortieren...

Tja, aber das ist nun das Besondere am olympischen Triathlon. Bis ich endlich anfange zu laufen, bin ich schon so kaputt, dass das auch keinen Spaß mehr macht. Jedenfalls nicht bei vierzig Grad. Trotzdem bin ich dann noch die meiste Zeit getrabt und musste mir von einem Gehenden nachrufen lassen „Das ist so gemein." Männer werden meistens nicht gerne von Frauen überholt. Aber ich hatte gegenüber diesem frustrierten auch einen entscheidenden Vorteil: An der Wasserstelle, die nicht nur mit Bechern, sondern auch mit einem Rasensprenger bestückt war, saß mein Liebster und als ich kam, faltete er seine müden Knochen zu voller Größe auseinander, sprang zu mir unter den Rasensprenger und inmitten des Regenbogens bekam ich einen Kuss. Ich weiß, so etwas gehört eigentlich auf die Dopingliste. Aber weil es das bisher sicher noch nie irgendwo gegeben hat, deswegen ist es noch nicht gelistet und deswegen konnte ich anschließend bis zum Ziel schweben. Dort erwartete mich mein Liebster abermals, aber sonst eigentlich niemand. Das Finisher-T-Shirt hatten sie vorsorglich schon vorher verteilt und im Übrigen waren die Veranstalter bereits mit der Siegerehrung befasst. Meine Stoppuhr zeigte drei Stunden vierzig Minuten – und da war der Einkaufsbummel auf der Sportmesse nicht eingerechnet.

Ich sagte: „Was für eine Quälerei!"

Daraufhin seufzte der Laufgott: „Das machen wir nie wieder." Und ich ließ mich zu einem „Ja" hinreißen. Das quittierte mein Liebster mit einem Jubelschrei und dafür wurde ich auch gleich mit einer Banane und Getränken verwöhnt. Mein Freund findet Wettkämpfe nämlich meistens nicht so reizvoll. Er sagt immer, man kann ja auch was anderes machen. Als er diesmal in den Ergebnislisten sah, dass er auch ohne spezielles Training und trotz des Hitzeinfernos eine gute Platzierung im Mittelfeld erreicht hatte, stellte er außerdem fest: „Jetzt habe ich alles erreicht, nun kann ich in Ruhe alt werden."

Ich glaube, in dem Moment hatte er ganz vergessen, dass er mit mir befreundet ist. Da ist das mit der Ruhe schließlich immer so eine Sache. Aber den nächsten Tag haben wir jedenfalls in den Ruhr-Auen verbracht. Wenn wir unseren Liegeplatz verlassen haben, dann nur, um mit der Strömung eine Weile flussabwärts zu treiben oder Kuchen zu essen.

Im Grunde hat der Laufgott schon Recht, man braucht zum Küssen keine Startnummer und eigentlich auch keinen Rasensprenger.

Nachwuchs

Für jeden Verein ist es wichtig, sich um den Nachwuchs zu kümmern. Dafür hat unsere schnellste Frau sogar einmal ihren Startplatz in Hawaii sausen lassen, denn sie war schwanger. Auch etliche der Franks sind Familienväter, deswegen trainieren sie oft schon frühmorgens. Da mich in der Regel niemand wach schreit, bin ich da aber selten dabei.

Die meiste Zeit des Jahres kümmern wir uns allerdings nur um das Nachwachsen unserer Muskeln, davon hat jeder mindestens 650, insofern sind wir ganz schön beschäftigt.

Ansonsten rekrutieren wir unseren Nachwuchs über die Presse. Wenn einer von uns irgendwo gestartet oder gestürzt ist, schicken wir das an die Zeitung. Die sind froh, dass sie mit uns das Sommerloch stopfen können und deswegen erscheinen die Artikel meistens. Der zweite Schritt besteht darin, dass unsere fleißigen Pressebeauftragten die Artikel ausschneiden und im Schwimmbad in den Schaukasten hängen. Das ist ein zentraler Platz, der gerne betrachtet wird, weil er nach den Kacheln auf der 50-m-Bahn einfach eine enorme Abwechslung darstellt. Sogar dann, wenn nur darin steht, dass pyrotechnische Gegenstände im Bad verboten sind.

Aber dank unserer Truppe sind bergeweise Presseartikel hinter dem Glasfenster. Wir hängen nämlich nicht immer nur den aktuellsten auf, sondern so viele nebeneinander wie wir haben. Das sieht dann so aus, als wäre der halbe Schwimmverein beim Triathlon, obwohl wir eigentlich nur 20 Leute sind und manchmal in der Liga nur zwei, weil den anderen etwas dazwischen gekommen ist. Deshalb gab es auch schon Zeitungsartikel mit der Überschrift „Abstieg mangels Masse". Das bedeutet nicht, dass wir zu dünn sind, sondern dass wir Freunde haben und Krankheiten und was so alles zum Leben dazu gehört, aber mitunter wettkampfhinderlich ist.

Jedenfalls wird durch den Schaukasten und die Zeitung mancher auf uns aufmerksam und der eine oder andere von den Neugierigen kommt daraufhin zum Stammtisch. Wenn es eine Frau ist, findet sich immer ein Frank, der ihr alles freundlich erklärt. Wenn es ein Mann ist, frage ich ihn meistens, ob er läuft. Neulich sagte daraufhin ein Neuling, er würde einmal im Jahr beim Sportabzeichen einen Kilometer laufen. Solange er das schafft, wollte er wohl diese Disziplin nicht weiter trainieren. Daraufhin habe ich unsere Lauftreff-Termine für mich behalten.

Ich lerne neue Vereinsmitglieder aber auch außerhalb des Stammtischs kennen. Zum Beispiel neulich auf dem Bahnhof. Sonntagmorgen, ich wollte mit der S-Bahn nach Langendreer zu einer RTF fahren. RTF heißt Radtouristikfahrt und nicht Rosa-Tarn-Farbe. Leider kam die S-Bahn nicht, stattdessen ein Typ mit Fahrrad. Da ansonsten um diese morgendliche Zeit am Wochenende in Bochum-Ehrenfeld kaum jemand auf dem Bahnsteig ist, waren wir schnell im Gespräch. Er wollte auch zur RTF, obwohl er eigentlich Basketballspieler war. Die S-Bahn, auf die wir gewartet haben, ist komplett ausgefallen, so hatten wir eine halbe Stunde Zeit, uns zu unterhalten. Ich denke ja ohnehin manchmal, das heißt Nahverkehr, weil sich die Leute dabei näher kommen. Jedenfalls habe ich dem Typen vom Triathlon erzählt und das fand er so spannend, dass er mir seine Visitenkarte gab. Ein kurzer Blick auf seinen Namen – Frank – machte mir klar, dass er super in unsere Gruppe passte.

Im Übrigen rekrutieren wir den Nachwuchs aber im Grunde aus den eigenen Reihen. Diejenigen, die schnell sind, fordern andere heraus, ebenso schnell zu sein. Diejenigen, die lange Strecken durchhalten, inspirieren die Nachahmer, sich auch auf die Langdistanz zu wagen. So gibt es ständig irgendwelche neugeborenen Sieger und man kommt aus dem Gratulieren kaum noch heraus. In den Sommermonaten ist jedes Wochenende mit Wettkämpfen ausgefüllt. Natürlich startet nicht jeder jedes Mal, aber das ist so ähnlich wie mit den Geburtstagsfeiern in einer Familie: Wenn einer feiert, haben die anderen auch viel zu tun. Vorher muss zusammen trainiert werden, obwohl natürlich jeder einen anderen Trainingsplan und andere Saisonziele hat. Und beim Wettkampf braucht man Betreuer und Zuschauer genauso sehr wie Starter, so dass es viele Möglichkeiten gibt, auf passende Positionen nachzuwachsen.

Beim Wettkampf haben es die Starter im Grunde am leichtesten, sie müssen nur schwimmen, radeln und laufen. Aber die anderen müssen betreuen und mitfiebern. Als

Fan bietet es sich an, zu den Wettkämpfen zu radeln oder zu laufen, damit das eigene Training nicht zu kurz kommt. Wer es aber zu Hause doch gemütlicher findet, hat oft sogar die Chance, das Rennen per Internet mit zu verfolgen. Das ist allerdings eine ziemliche Nervenprobe, denn am Bildschirm bekommt man nur die sogenannten Splitzeiten geliefert. Das bedeutet, dass dem Zuschauer nicht zugemutet werden kann zu warten, bis das Rennen vorbei ist und dann erst die Ergebnisse zu sehen. Das ist so ähnlich wie im Kreißsaal, da bekommen die wartenden Väter zwischendrin auch gesagt, ob ihr Anhang noch lebt. Die Eisenmannstrecke ist also in Unterstrecken eingeteilt, nach der die Zeit gestoppt wird.

Da kann es sein, dass der Durchschnitt auf der ersten Fahrradetappe bei 30 km/h und auf der zweiten bei 14 km/h liegt. Die Daheimgebliebenen tun dann gut daran, sich das Streckenprofil anzusehen. Auf diese Weise lernt jeder auch etwas von der Welt kennen. So ein Tempoeinbruch kann schließlich mehrere Ursachen haben. Entweder ist der Triathlet platt oder sein Fahrrad. Die dritte Möglichkeit ist, dass es bergauf geht. Wenn der Beobachtete auf der nächsten Etappe eine Durchschnittsgeschwindigkeit von 44 km/h fährt, kann der Fan beruhigt sein, dass es seinem Idol gut geht. Denn falls ihn der Krankenwagen abholen würde, hätte das Tempo niemand in die Liste eingetragen.

Zusätzlich gibt es oft noch eine Webcam, aber die sind für gestandene Eisenmänner im Allgemeinen zu klein und zu langsam, da sieht man höchstens das Publikum. Manchmal bekommt man auch ein Live-Interview und Foto vom Sieger. Aber wen interessiert das schon? Das ist so ähnlich wie die Chefs im Büro: Irgendwie sind sie notwendig, aber man hat eigentlich nichts mit ihnen zu tun.

Ob jetzt einer, der täglich acht Stunden trainiert und die wichtigsten Nährstoffe in seiner Lieblingsfarbe bekommt, die Langdistanz in acht Stunden oder in acht Stunden und zwei Minuten schafft, ist für mich ungefähr so relevant wie der Wetterbericht in Nordchina. Ich meine, global denken ist schon ok, aber wenn mein Spezl, mit dem ich hunderte von Kilometern über die Bochumer Halden gelaufen bin, als 121. seiner Altersklasse nach 13 Stunden und 17 Minuten über die Ziellinie taumelt, dann ist das schon was anderes. Da kriege ich direkt eine Gänsehaut und das Ereignis habe ich dann am liebsten Live und in Farbe.

Mein Glück ist, dass die eisenharten Franks nach den Wettkämpfen immer wieder ins Haldenrevier zurückkehren und ich aus erster Hand einen Bericht bekomme. Jedenfalls, wenn sie gerade ihren gesprächigen Tag haben. Manchmal sagen sie auch nur: „Naja, ich bin geschwommen, geradelt und gelaufen." Das ist natürlich genauso richtig wie die Aussage, dass Babies viel schlafen. Aber die Mamis und Papis können sich darüber trotzdem stundenlang unterhalten. Und wenn ich die Franks ein bisschen bitte, können sie meistens genauso ausführlich über ihren neuen Eintrag im Sportkalender erzählen.

Aber wer hört schon freiwillig lange zu, wenn jemand über die Pinkelpausen und Wasserbecher eines Wettkampfs erzählt? Das ist nicht anders, als bei den werdenden Eltern. Die einen schlagen sie in die Flucht und die anderen werden auch schwanger. Genauso ist das beim Triathlon und beim Ultra sowieso. Wer sich einmal gefragt hat, ob er nach dem Schwimmen auch so verknautscht aussieht oder nach 60 km laufen noch so lachen kann, der ist im Grunde schon in der Nachwuchsgruppe, selbst wenn er das in dem Moment noch nicht weiß. Genau so ging es bei mir auch mit dem Bambinilauf los. (Siehe Kapitel: Der 100km-Lauf – Die Vorbereitung)

Der Elefantenlauf

Ich bin durchleuchtet. Dafür brauchte ich nur Sonnenstrahlen und gute Schuhe, kein Röntgengerät und zum Glück auch keine Sanitäter. Wer rings um Remscheid auf hügeligen Waldwegen das Panorama genießt, kennt anschließend seine Muskeln und Knochen ganz genau. Deswegen haben die Veranstalter diesen Marathon als Röntgenlauf bezeichnet. Das Phantastische ist, dass einem die 42,195 km in Remscheid fast wie eine Kurzstrecke vorkommen. Das liegt daran, dass es doppelt so viele Ultraläufer wie Marathonis gibt, die sich erst nach 63,3 km zufrieden geben. Als ich also von meinen Plänen zum Röntgenlauf erzählte, musste ich x-mal erklären, dass ich NUR den Marathon laufen wollte. So etwas prägt sich mental ein. Darüber hatte ich fast vergessen, dass zur Marathonvorbereitung normaler Weise lange Läufe gehören. Ich verteilte die Trainingseinheiten lieber auf mehrere Kurzstrecken und hoffte, dass mein Spruch stimmt: Was ich in einer Woche laufen kann, schaffe ich auch an einem Tag. Mein Freund lief außerdem ein paar Mal den Deich auf und ab, um sich auf das Bergische Land vorzubereiten. Immerhin ist der Deich der längste Berg der Welt, ansonsten ist es in Otterndorf eher schwierig mit dem Höhentraining.

Am Nachmittag vor dem Start reisten wir zum Ausgangsort Lennep, das sind mit dem Auto ungefähr 30 Minuten von Bochum. Aber die Welt verändert sich in dieser Zeit sehr stark. Die Häuser sehen mit ihren grauen Schindeldächern aus wie freundlich lächelnde Schuppentiere und es gibt jede Menge Bäume und Hügel. Nachdem wir unsere Startunterlagen abgeholt hatten, ergründeten wir die Lenneper Altstadt. Das dauerte nicht so lange, denn da ist nicht sehr viel Stadt. Weil wir mehr an einer Pizza, als am Röntgenmuseum interessiert waren und der Tag noch jung war, schwangen wir uns sogar noch einmal ins Auto und düsten nach Solingen. Dadurch habe ich gelernt, dass Solingen eine Großstadt ist. Zwei Stunden irrten wir durch die langen Straßen, während das GPS-Gerät von meinem Freund immer im Nachhinein anzeigte, wo wir gerade waren, statt uns zu lotsen. Deshalb wünschte ich mich bald in das idyllische Lennep zurück. Irgendwann fanden wir aber auch eine Pizzeria. Ich schätze, dass wir bis dahin schon mindestens zehn Kilometer unter den Fußsohlen hatten. Aber das hat zu diesem Zeitpunkt noch niemand vermessen und applaudiert hat auch keiner. Das kam alles erst am nächsten Tag.

Nach dem Essen stand nur noch Schlafen auf dem Vorbereitungsprogramm. Dafür hatten wir ein kuscheliges Hotel, im Empfang standen sogar Bananen und Äpfel bereit. Läufer sind da nämlich ganz nah mit den Affen verwandt und lassen sich mit diesen Früchten fast pausenlos füttern. Äpfel habe ich schon immer gerne gegessen, Bananen liebe ich erst, seitdem ich meinen Bananenspringer kenne. Aber das ist eine andere Geschichte (siehe „Abgetaucht", Agonsportverlag 2010). Jedenfalls hatten wir dann noch einen kuscheligen Abend, von dem ich hier keine Details erzählen will. Außerdem hatten wir das Glück, dass die Zeitumstellung uns eine Stunde schenkte. Also war die Kuschelvorbereitung nicht einmal von einem Wecker unterbrochen. Trotzdem sah mein Bananenspringer-Freund beim Frühstück ein bisschen aus wie vor einer Hinrichtung. Ich muss dazu sagen, dass er es eigentlich toll findet, die Welt durch eine Webcam zu beobachten. An der frischen Luft ist er dagegen nicht so gerne. Aber den ganzen Röntgenweg entlang hätte er mich virtuell doch nicht im Blick behalten können. Bei so viel männlicher Begleitung erschien ihm das aber angemessen.

Außer meinem Freund hatte ich noch Happy Horst dabei. Das ist ein hellblauer Stoff-Elefant, der mir irgendwann zugelaufen ist. Ich hatte die Hoffnung, dass er mich die letzten zehn Kilometer trägt, während er seine breiten Ohren aufspannt, um damit friedlich über den Herbstwald zu segeln. Dafür wollte ich ihn die ersten 30 km gerne tragen. Er hatte seinen Platz in meiner Trikottasche auf dem Rücken, dort, wo bei den anderen die Bananen, Trinkflaschen oder Handys sitzen. Aber das brauchte ich alles nicht, denn beim Röntgenlauf gibt es alles, was der Läufer braucht, an der Strecke. Vielleicht kein Smartphone, aber immerhin nette Leute zum reden und in jedem Fall Wasser und Tee. Wer das magentechnisch verträgt, kann auch Würstchen haben. Das war für meinen Freund ein tolles Angebot, denn Würstchen mag er fast genauso gerne wie seinen Computer.

Allerdings fehlte ihm dann wohl doch vorübergehend das Zutrauen zu seinem Magen. Seinen Beinen konnte er dagegen offensichtlich einiges zumuten, jedenfalls sprintete er immer vergnügt vor mir her und erwartete mich erst am jeweils nächsten Verpflegungsstand. Zwischen dem Proviant und den netten Helfern fühlte er sich außerordentlich wohl. Auf diese Weise hatte ich Zeit, viele andere Herren kennen zu lernen. Das ist auf dem Röntgenlauf durchaus ein Erlebnis, denn da gibt es Zweibeiner, die jede Woche einen Marathon laufen oder die beim Laufen schlafen. Das ist keine verrückte Theorie, sondern habe ich selbst beobachtet. Gelegentlich sehe ich mir meine Mitläufer nämlich an, hin und wieder erhasche ich dabei ein freundliches Lächeln. Aber einmal blickte ich in ein Gesicht mit geschlossenen Augen. Nichtsdestotrotz hielt der Läufer seinen Kurs. Ich habe ihn dann allerdings geweckt und auf diese Weise erfahren, dass er aus der Schweiz kam. Auf so einer Entfernung können einem natürlich mal die Augen zufallen. Wenn mein Freund das Laufschlafen lernt, geht er zukünftig vielleicht viel öfter mit mir an die frische Luft. Mir gefällt das nämlich draußen, vor allem, wenn es so hübsch ist wie rings um Remscheid. Während meine Knochen und Muskeln alle durchgeschüttelt wurden, hatte ich herrlichen Ausblick auf das Bergische Land, den Herbstwald, zahlreiche romantische Bäche und den blauen Himmel. Das Wetter hatte der Vorhersage ein Schnippchen geschlagen und war perfekt. Kein Wind, kein Regen, etwas Sonne, aber nicht so heiß – optimal für jeden Läufer. Horst gefiel das auch. So gut sogar, dass er in meiner Tasche sitzen blieb und nichts aus meinem Elefantenflug wurde. Ich habe dem kleinen Rüsseltier das aber nicht übel genommen und trotzdem jeden Fotografen darum gebeten, mich von hinten zu fotografieren. Es ist mir erst später klar geworden, wieso darauf meistens keiner reagiert hat. Mein Partner meinte nämlich, dass das vielleicht missverständlich war. Normalerweise ist keiner von hinten schöner als von vorne. Die anderen haben schließlich keinen Happy Horst.

Jedenfalls hat es nicht nur Hannibal mit seinen Elefanten über die Alpen geschafft, sondern auch Horst, mein Bananenspringer und ich über den Röntgenweg. Im Ziel gab es einen Kuss, eine Massage und ganz köstlichen Apfel- und Johannisbeerkuchen. Für jeden Zweck war jemand da und der Moderator sagte, Otterndorf und Bochum wären ein schönes Paar. Horst hat er nicht extra erwähnt. Dann brachte uns ein Shuttle Bus zurück zur Sportmesse und ich konnte noch einmal meinen Luftballon besuchen, den ich dort am Morgen gewonnen hatte. Im Gegensatz zu mir war er nämlich nicht so weit gekommen, sondern hing immer noch unter der Hallendecke auf der Sportmesse. Im Hotel durften wir noch duschen, denn die Hotelbesitzerin hat einen Läufer als Mann. Daher weiß sie, dass es stinkt, wenn jemand den Schweiß von 42 km auf seiner Haut spazieren trägt. Als wir danach ins Auto stiegen, fing der Himmel an, alle bisher Ungeduschten zu waschen. Es regnete und mein Freund sagte, bei so einem Wetter könnte man unmöglich nach draußen gehen. Da gab ich ihm Recht und damit war unser kleiner Durchleuchtungsurlaub im Grunde zu Ende.

Da wir aber nicht sicher waren, ob noch ein paar Muskeln übersehen wurden, sind wir im Jahr darauf noch die komplette Remscheid-Umrundung gelaufen. Bis km 42 fühlte ich mich total aufgeregt, so dass ich den Marathon fast übersehen habe. Schließlich war die spannende Frage doch, wie sich die Beine in den Bergen ab km 43 anfühlen und was sich für neue landschaftliche Highlights auftun. Aber ich gestehe, bei Kilometer 50 hatte ich eigentlich schon genug Erfahrungen gesammelt. Ein Wald ist eben ein Wald und der Blick auf Remscheid ist auch nicht so der Bringer, wenn die Beine schmerzen. Aber so eine kleine 13-km-Strecke kriegt man dann natürlich auch noch gelaufen. Das ist immerhin einfacher, als 50 km wieder zurück. Irgendwie sind wir also im Ziel angekommen und gehören somit zu den vollständig Durchleuchteten, die in Remscheid selbstverständlich den Ultra gelaufen sind. Nur Marathon wäre doch in dieser schönen Landschaft ein bisschen kurz.

Der härteste Tag

Sport ist für mich etwas sehr Emotionales. Lachen und weinen, Aufregung und Ruhe, kämpfen und genießen liegen unglaublich nahe zusammen. Manchmal ist es auch richtig romantisch. Meine erste und bisher einzige Mitteldistanz ist ein gutes Beispiel für so einen Tag der vollkommenen Lebendigkeit:

Wenn ich die Augen schließe, ist es wieder da, das Gefühl, in der Dunkelheit zu schweben, der Salzgeschmack auf den Lippen, die Hafengebäude und Boote, Irrlichter, die vor meinem kleinen Horizont tanzen, sobald ich den Kopf drehe. Dann der Wind, als ich mich auf dem Rad ducke, der Geruch nach Gras, die Strohballen, die lange gerade Straße, das Geräusch der surrenden Räder, die langsam näher kommen, grußlos an mir vorbeizischen. Und doch ist es, als würden wir uns zuwinken, wir 90 km-Sternschnuppen, die durch den Wilhelmshavener Wind schießen.

Und der Deich, die zwei, drei Schritte, mit denen ich

mich über die Kante stürze, die nasse Wiese herunter springe, mich nach rechts wende, dem Sturm trotze, der mir Graupelschauer auf die Haut wirft, Salzkonfetti und der Geschmack nach Nordsee.

Seit diesem legendären Tag darf ich mich Nordseewoman nennen: In sechs Stunden und 39 Minuten bin ich 1,9 km geschwommen, 90 km geradelt und 21,0975 km gelaufen, ein halber Ironman. Oder waren es sechs Wochen oder Monate? Ich habe so viel erlebt, dass es unmöglich in einen halben Tag passt ...

Irgendwann las ich ein Interview mit einem Triathleten. Er wurde gefragt, wieso denn der Ironman in der Hitze Hawaiis stattfindet. Läufer würden ihre Marathons schließlich gerne im Herbst oder Frühjahr planen, wenn es eher kühler ist. Das wäre doch klar, sagte der Triathlet, schließlich sollte das nicht der schönste Tag des Jahres werden, sondern der härteste.

Über diese Antwort war ich regelrecht verblüfft, aber es erklärte so einiges. Plötzlich wusste ich, wieso meine Franks nach den Wettkämpfen immer nur über die Schwierigkeiten sprechen und nie über die schöne Aussicht. Triathleten sind also hart, stark und kämpferisch, Läufer dagegen gerne Mal Genießer.

Was macht nun so ein genussverwöhnter Läufer wie ich, wenn er zum Triathlon startet? Ich gebe zu, irgendwie hoffe ich immer, es könnte hart und schön sein.

Und wo ist es schöner als an der Nordsee? Schließlich ist mein Partner von der Küste und ich dachte mir, ein Nordseewoman gefällt ihm bestimmt als Freundin. Eigentlich meinte er zwar, ein Wochenende in einem Hotelzimmer, das fände er auch ohne Urkunde gut – aber er ließ sich dann doch darauf ein, mich sechseinhalb Stunden nur von Weitem zu sehen. Außerdem musste er im Vorfeld mit mir Rad fahren, selbst wenn es nicht sonnig war, und mich aus dem Hadelner Kanal fischen, wenn mir nach einer Trainingseinheit mal wieder die Arme versagten.

Schneller als gedacht, war das letzte Augustwochenende da, der Sommer dafür schon weg. Regen, Wind und kühle Temperaturen waren angesagt. Die Frage, was ziehe ich an, beschäftigte mich ziemlich. Die Kleiderauswahl für einen Partyabend ist da vergleichsweise einfach, schließlich muss man dort meistens nicht schwimmen. Die Streckenlänge machte mir wenig Kopfzerbrechen, das Tempo oder besser fehlende Tempo dagegen schon. Unvergesslich meine erste olympische Distanz, die ich stolz und erschöpft nach drei Stunden und zwei Minuten beendete. Das erste, was einer meiner lieben Franks dazu sagte war: „Hast Du unterwegs dein Fahrrad geputzt oder wieso hat das so lange gedauert?"

Später hat er mir zwar doch noch gratuliert, aber irgendwie hatte ich meinen Status als Vereinsschnecke damit weg. Ein bisschen ehrgeizig bin ich nun schon und deswegen trainierte ich fleißig und planlos. Schließlich haben alle meine Franks schon einen Trainingsplan, wenn ich da auch noch mit so einer Tabelle käme, würden wir uns im Ende nur noch beim Stammtisch sehen. Immerhin wurden die Momente seltener, da ich im Schwimmbad wegen meiner seltsamen Zappelbewegungen ausgelacht wurde und die Laufeinheiten mit einem für mich viel zu hohen Tempo brachten mich zumindest nicht um. Das Radtraining quälte mich am meisten. Da ich kein Auto besitze, ist der Drahtesel ohnehin mein ständiger Begleiter für Einkaufs-

und Urlaubsfahrten. Es fehlt mir aber so ein bisschen die Motivation jenseits logistischer Notwendigkeit, den Blick starr auf den Tacho gerichtet, meine Runden zu drehen. Deswegen kann ich auf den Radausfahrten auch nicht die Bekömmlichkeit von irgendwelchen Riegeln testen, weil innerhalb von 120 km rund um Bochum immer ein Cafe kommt. Da esse ich dann gerne ein Stück Torte und der Begriff Hungerast ist mir deshalb ein Fremdwort geblieben.

Letztlich bin ich einfach eine Frau, die Spaß am Triathlon hat und keine Triathletin, die zufällig weiblich ist. Aber nach meinen Berechnungen hatte ich beim Nordseewoman trotzdem eine Chance und die wollte ich nutzen.

So kam es, dass ich mit 19 weiteren Frauen und ca. 180 Männern am 29. August um 9 Uhr in das kalte Hafenwasser stieg. Das Abenteuer begann. Nach 500 m flüchtete die erste Frau bereits, sie war seekrank. Vorsichtshalber winkte ich meinem Freund nicht zu, den ich an der Hafenmauer erkannte. Ich dachte, angesichts der Bedingungen könnte das zu Missverständnissen führen. Außerdem war ich auch ziemlich damit beschäftigt, die vormals riesigen Bojen zu suchen, die jetzt zwischen Wellen und Gegenlicht verschwunden waren. Aber irgendwann tauchte das Ufer wieder auf und da standen zwei Helfer, klatschten in die Hände und riefen mir zu: „Auf auf!“ Kaum, dass ich in ihrer Reichweite war, hievten sie mich an Land und warnten mich noch vor den glitschigen Stufen. Das fand ich alles so nett, dazu kam das erhebende Gefühl, Land unter den Füßen zu haben und meinen Freund endlich wieder in Hörweite: „Huhu, mir ist gar nicht schlecht“, rief ich ihm zu und dann gibt es eine Fotoserie, auf der lächle ich so, dass meine Schwester später meinte, ich hätte einen Clown verschluckt. Was weiß ich, was sich da im Hafenwasser so alles findet?

Nun war Konzentration gefordert. Nase, Jochbein, Arme – bei mir ist schon so einiges zu Bruch gegangen und oberste Devise war also unfallfreies Fahren. Schon nach der ersten Runde verlor ich aber meine Bedenken, die Strecke war gerade, asphaltiert und an den neuralgischen Punkten standen unermüdliche Helfer, stopften uns mit Bananen und riefen: „Du siehst aber gut aus." Nordseeluft ist eben gut für den Teint.

Mein Freund sagte dagegen nur: „Ist es auch schön hart?", schließlich kannte er sich in den Geheimnissen des Triathlons aus. Mit meiner Elefantenhupe kündigte ich überall mein Kommen lautstark an und grinste dabei mit dem Publikum um die Wette. Zwischendrin gesellte sich zum Wind noch Regen, aber mein Schaf hat zum Glück eine Mütze auf, insofern blieben mein Talisman und ich gut gelaunt. Nach ein paar kurzweiligen Stunden erreichte ich wieder den Fahrradparkplatz und dachte, was für ein großer Tag. Schließlich werden die Athleten über einen roten Teppich in die Wechselzone geleitet. Da stehen wir den Filmsternchen in nichts nach. Und mein persönlicher Paparazzo lauerte auch allenthalben an der Strecke. Juchhu, und dann endlich laufen, meine Lieblingsdisziplin! Just in dem Moment, in dem ich auf die Laufstrecke ging, drehte Petrus allerdings den Wasserhahn auf, stellte den Ventilator an und warf noch ein paar Graupelkörner dazu. Wahrscheinlich hatte er das Interview mit dem Triathleten auch gelesen. Aber mich konnte jetzt nichts mehr erschüttern, ich war in meinem Element.

„Hey, du strahlst ja so“, lachte einer der Helfer, der in Öljacke und Schal vermummt mich Kurzhosenträgerin beklatschte.

„Na klar“, rief ich zurück, „Urlaub an der Nordsee ist doch prima.“

Wie im Flug vergingen die Laufkilometer und es fiel mir richtig schwer, die netten Helfer auf der letzten Runde alle zu verabschieden.

„War schön mit euch!“, jubelte ich ihnen zu. „Mit dir auch, komm nächstes Jahr wieder“, riefen sie mir nach.

Aber nächstes Jahr war weit und das Ziel erst einmal nah. Da warteten eine Medaille, eine Rose und mein Freund, also im Grunde das ganze Glück dieser Erde. Ich konnte meine Freudentränen kaum zurückhalten. Geschafft! Selig wankte ich zu meinem Fahrrad, das dort als eines der letzten noch in der Wechselzone stand.

„Ist das rosa Fahrrad Ihres?“, drang es plötzlich an mein Ohr. Erschreckt sah ich die Helferin an, einen grausigen Moment lang dachte ich, es war jetzt doch alles vergebens. Bestimmt sagt sie, so ein Rad ist gar nicht zugelassen oder ich kriege Strafpunkte für falsch parken oder ich weiß nicht, Triathlon ist nicht nur hart, es ist auch kompliziert. Aber stattdessen verwandelte sich die Aufsicht in einen Engel, der flötete: „Sie sollen sich bei der Siegerehrung melden, weil sie das schönste Fahrrad haben.“

„Siegerehrung????!“ Ich war ein einziges Fragezeichen.

„Na, sehen Sie doch mal, was die anderen für Rennmaschinen haben und Sie haben es mit diesem einfachen Rad geschafft“, erklärte der Engel.

Ich weiß nicht, ob es angesichts meiner müden Muskeln eher wie ein Stolperer aussah, aber in meiner Erinnerung machte ich einen riesigen Freudensprung und schrie: „Mücke (so heißt mein Fahrrad)!! Wir haben gewonnen!“ Sofort hüpfte mein Fahrrad auch, weshalb es mir als nächstes aus der Hand fiel, einschließlich meiner Kiste mit den Wechselsachen. Daraufhin fand dann mein Freund, dass der harte Tag ein Ende haben musste, sammelte meine Sachen und mich wieder ein und fuhr mich zum Duschen. Das war allerdings gar nicht so einfach, denn es gab keine Wegweiser und ich redete sowieso nur noch wirres Zeug über fliegende Schafe, was meinem Freund die Orientierung auch nicht erleichterte. Statt einer Turnhalle fanden wir eine Kneipe und da stürmte ich dann verschwitzt und in kurzen Hosen hinein, um nach dem Weg zu fragen. Es entstand eine kleine Schweigeminute, in der mich die Damen und Herren am Tresen verwundert betrachteten, dann entschloss sich einer zu glauben, dass ich nicht die Folge seiner Promille war, sondern ein lebendiges Wesen. Zum Glück wusste er auch, wo die Dusche war und so konnte ich frisch gebürstet und geseift zur Siegerehrung.

Da wurde dann tatsächlich als erstes mein Name aufgerufen und ich dachte die ganze Zeit, das gibt es nicht, das ist ein Wunder, während mein Freund pausenlos fotografierte. Mit einer kleinen Ansprache bekam ich den Jürgen-Oertwig-Gedächtnispokal überreicht. Ein wirklich riesiger Pokal mit Sockel und etwas mehr als anderthalb Liter Fassungsvermögen (das habe ich unterdessen ausgemessen). Er soll Sportler ehren, die nicht mit der besten Ausrüstung, aber mit ganzem Herzen und Mut dabei sind. Da fühlte ich mich wirklich gemeint, denn mein Herz war die letzten sieben Stunden wirklich kräftig im Einsatz gewesen.

Nachher musste ich noch drei Stunden mit dem Zug nach Hause fahren und statt zu lesen, staunte ich die ganze Zeit nur meinen Pokal an, schnupperte an der Rose und führte stille Zwiesprache mit Herrn Oertwig. Wenn ich ihn eines Tages da oben treffe (was hoffentlich noch lange dauert), organisieren wir sicher auf Wolke 8 zusammen einen Triathlon.

Zurück in Bochum verbreitete sich die Nachricht wie ein Lauffeuer, dass ausgerechnet die Schnecke mit einer solchen Trophäe vom Wettkampf zurückgekehrt war. Plötzlich interessierten sich alle für meine Mücke, die doch bisher keiner ernst genommen hatte. Auch mein ironischer Trainingspartner meldete sich natürlich: „Welche Zeit, welche Platzierung?", wollte er wissen. Platz 18 von 18, dritte, also letzte in der Altersklasse, sechs Stunden 39 Minuten führte ich aus und dann fügte ich genussvoll hinzu: „Aber offensichtlich hat es sich gelohnt, dass ich unterwegs mein Fahrrad geputzt habe, jedenfalls habe ich einen dicken Pokal bekommen."

Seitdem nennt er mich Easy Rider und ich glaube, er meint damit den Glanz von Freiheit und Abenteuer, den mein rosarotes Rad und ich verströmen.

Verständigung zwischen Doodle und Marmeladenpost

Mein Freund, der Bananenspringer und Laufgott, ist gerne online. Deswegen hat er ein süßes Telefon, auch Smartphone genannt. Damit kann er das Wetter ansehen, ohne dass er an die frische Luft muss, und andere spannende Dinge. Er kann seinem süßen Phone auch Fragen einflüstern und manchmal versteht es ihn und gibt Auskunft.

Zum Beispiel spricht der Laufgott ein lang gezogenes: V I G L i und das Telefon versteht Wikipedia. Das ist nicht komplett falsch, denn ich kann auch zu vielen Begriffen einen Absatz schreiben. Mit meiner Stimme ist das Ergebnis anders. Wenn ich mich bemühe VIGLi so richtig perfekt und mit rundem G zu sprechen, dann versteht der Apparat statt dessen Zwickau. Das ist nun schon fast unglaublich tiefsinnig, denn mein Vater ist in Zwickau geboren und wahrscheinlich hat das Smartphone über irgendwelche heimlichen Datenkanäle diese Informationen zusammengefügt.

Ich bin ziemlich sicher, dass in dem Telefon ein Mann sitzt, denn als mein Freund neulich Gebirge in die Texterkennung gesprochen hat, kam Gigi-Girl dabei heraus. Das schafft sicher nur jemand mit Y-Chromosom, dass er so eine Landschaft sofort in weibliche Lustregionen übersetzt. Ich vermute, es könnte ein Arzt sein, denn aus Gezeitenlauf hat er direkt „der Kreislauf" gemacht. Das ist nicht falsch, denn wer bei diesem Otterndorfer Sechs-Stunden-Lauf auf der Strecke ist, kann durchaus Kreislaufprobleme bekommen. Die andere Variante wäre, dass der heimliche Leute-Versteher eigentlich Detektiv ist. Das macht schließlich Sinn, er hört die Leute ab, wenn sie in das Mikro sprechen und spuckt anschließend verschiedene Begriffe auf den Bildschirm, um die Sprecher zu testen. Zum Beispiel sagt er Bananenstecker statt Bananenspringer. Wahrscheinlich hat er dann als nächsten Begriff wieder das Gigi-Girl erwartet. Stattdessen haben wir es mit Laufgott probiert, da hat der Detektiv direkt mit Bauchgurt und Laufrad weiter assoziiert. Nur Jahrhunderthalle hat er eins a verstanden.

Apropos Laufrad, das war schon eine gute Idee. Mein Freund wollte sich damals gerade ein neues Fahrrad kaufen. Aber er hat sich stattdessen für eine Couch entschieden. Darauf sitzt man bequemer und meistens auch länger. Ein Wahrsager ist das Detektiv-Telefon also definitiv nicht.

Deswegen brauchen wir für größere Vereinsumfragen auf alle Fälle mehr als ein Smartphone. Mit E-Mails stößt man natürlich auch schnell an seine Grenzen, wenn es zum Beispiel darum geht, die Oberweite der Damen und Herren zu ermitteln. So etwas kommt in unserem Verein regelmäßig vor und nennt sich im Protokoll „Wettkampfkleidung“. Damit wir auch wissen, mit wem wir gegebenenfalls die Kleider tauschen können, haben wir am liebsten eine gemeinsame Liste unter „Doodle“. Da lässt sich auch gleich abfragen, wer mit zum Vereinsessen geht, ob es einen Lieblingstermin gibt und was sich sonst noch so bedoodeln lässt.

Mit Sportlern zu reden, ist aber insgesamt eine Sonderfunktion. Ich bin da im Laufe der Zeit zum Kommunikationsexperten geworden. Während mir manche noch Zettel in den Briefkasten werfen, weil sie Computer für giftige Tiere halten, verabreden sich andere via SMS, Facebook, E-Mail oder Telefon. Oder, wohl gemerkt. Das heißt, ich habe dann einen Zettel, einen Anruf und eine E-Mail von jeweils einem Frank oder Nicht-Frank und muss zusehen wie ich daraus einen Treffpunkt für alle destilliere.

Seitdem wir eine Frank-Gruppe bei Facebook haben, ist das natürlich eigentlich viel einfacher. Theoretisch. Denn manche halten Faithbook für die Bibel einer Sekte und unsere Verabredung zum Lauftreff wahrscheinlich für Okkultismus. Das sind vor allem die Franks, die glauben, früher wäre alles besser gewesen. Dabei ist das natürlich Unsinn, denn früher kannten wir uns ja noch nicht.

Aber auch für diese Computer-Allergiker gibt es eine Möglichkeit und das ist der Käse-Volker. Er residiert donnerstags auf dem Marktplatz in einem Wohnwagen mit allem, was Kuh, Ziege und Schaf so hergeben. Von Topfen bis Emmentaler hat Volker alles vorrätig, oben drauf gibt es immer ein paar nette Worte. Im Übrigen ist er ein guter Beobachter. Deswegen hat er auch bald bemerkt, dass sich Franks und Frankines gerne auf dem Marktplatz mit

Frischkost eindecken. Wenn einer den würzigen „Ziegenzauber“ wählt, kann Volker zudem sicher sein, dass er den gleich mehrmals verkauft. Sonst würde sich womöglich ein Frank einen Wettkampf-Vorteil erzaubern.

Nicht immer stehen wir Athleten jedoch gemeinsam am Stand, schließlich haben wir nicht alle denselben Alltagsplan. Das hat mich auf die Idee mit der Marmeladenpost gebracht. „18 Uhr Ehrenfeld“ klebte ich also an eine Kiwi-Mango-Kreation und deponierte sie bei Käse-Volker. Der wusste natürlich genau, welchem Frank er das aushändigen sollte. Anders als eine Packstation braucht er dafür weder eine Pinnummer noch eine Ausweiskarte, ihm kann ich auch so vertrauen. Wie erwartet, hat die Frank-Verabredung problemlos geklappt. Schade nur, dass ich trotzdem wie üblich den ganzen Tag online war. Aber wenn wir einen Server-Absturz gehabt hätten, wäre mir das Frank-Date doch noch sicher gewesen. Neulich hat Käse-Volker übrigens gesagt, mit uns auf dem Markt wäre es so schön, da braucht er keinen Urlaub. Das kann ich gut verstehen, schließlich hatte ich ihm versprochen, dass er die Marmelade essen darf, wenn der Frank nicht kommen sollte.

Aber richtig los geht es mit der Verständigung natürlich erst, wenn wir auf der Piste sind. Regen und Autos rauschen, Mützen knistern und nebeneinander laufen wir auch nicht immer. Da wird ein Gespräch durchaus zur Herausforderung.

Das klingt zum Beispiel so:

„Hier geht es lang.“

„Was?“

„Hier rechts.“

„Ich habe nur meinen Namen verstanden, aber um was geht es jetzt?"

Meistens ist der Anfang unserer Donnerstagsrunde aber relativ klar. Ich treffe Frank 1, er ärgert mich und wir streiten bis zum Treffpunkt an der Tankstelle. Da kommt ein Zweitfrank dazu und seufzt. Er stöhnt über das Laufen, die Müdigkeit, das Essen. Letzteres ist allerdings eher ein Lustseufzen. Tatar mit Laugenbrötchen, Currywurst, Datteln, Milchreis und Sturmsack (auch als Windbeutel bekannt) – Seufzer-Franks Mittagessen wird stets einige lustvolle Minuten vor uns ausgebreitet. Nur einmal habe ich es bisher erlebt, dass Seufzer-Frank zwanzig Minuten still war, während ich mit dem anderen Frank über Tourenräder diskutierte. Dann plötzlich rang sich ein gigantisches Stöhnen aus der Seufzer-Brust und der Genießer-Frank rief: „Merkt ihr das denn nicht? Es riecht hier überall nach Essen! Erst Bratwurst und jetzt Waffeln!!!"

Um diesen Frank zu verstehen, muss man also nur die Menükarte seiner Kantine im Kopf haben.

Aber manchmal geht es natürlich um viel kompliziertere Themen.

So hat ein Frank neulich zum Beispiel behauptet, Frank 1 wäre ein Womanizer. Ich konnte mir darunter nicht so richtig etwas vorstellen und habe es Frank 1 erst einmal postwendend weiter erzählt und abgewartet, wie er reagiert.

„Soso", hat er daraufhin gesagt und ein bisschen gelächelt. „Was soll das denn sein? Ein Womanizer?"

„Ja, weiß ich nicht, ich dachte du erklärst mir das", meinte ich vorsichtig. Darauf lächelte der Frank noch ein bisschen mehr und wechselte das Thema.

Aber irgendwie kamen wir dann doch darauf zurück und der Womanizer-Frank fragte, wieso denn dieser Begriff gefallen wäre. Dank meines Kassettenrecorder-Gedächtnisses konnte ich ihm natürlich die ganze Sequenz wiedergeben, einschließlich der Sprints, die ich bei dem Gespräch mit einigen Franks gelaufen war: „Ich habe erzählt, dass du mich beim Laufen immer zum Schweigen bringst, indem du schneller und schneller wirst. Und daraufhin hieß es dann, du bist ein Womanizer."

In dem Moment trafen wir gerade wie üblich auf den donnerstäglichen Zweitfrank und wechselten das Thema zu Milchreis und Sturmsack. Bis wir jenseits der Königsallee tief nach unten gelaufen waren und es nun wieder stramm bergauf ging.

„Also die Berge", sagte Frank 1 in diesem Moment. „Das ist optimales Training für die, die nicht so gerne Sprints machen, denn wer bergauf läuft, trainiert im Grunde das Gleiche."

„Ja", jubelte ich. „Genau! Berge sind wundervoll! Die Aussicht und die Abwechslung, das macht mir Spaß, da komme ich immer mit!"

„Ja", grinste der Frank. „Ich weiß das. Ich bin ein Womanizer."

Dann war das Gespräch für die nächsten Kilometer beendet, denn es ging bergauf und der Frank wurde immer schneller, während ich verzweifelt versuchte, ihm auf den Hacken zu bleiben. Ich habe mir das irgendwie anders vorgestellt mit dem Womanizer, nicht so jemanden, der mir an einem dunklen Berghang davonläuft, bis ich nur noch die Käuzchen neben mir höre.

Aber ich muss zugeben, es war ein schöner Abend.

Als wir wieder in der Ebene angekommen waren, besprachen wir die Planung für den nächsten Tag. Tatsächlich äußerte dieser Frank 1 sein Bedauern darüber, dass ich nicht zum nächsten Schwimmtermin kommen wollte. Da habe ich mich doch etwas gewundert, denn nach dem letzten Training hatten die Franks allesamt kein gutes Haar an mir gelassen. Ich hätte die Übungen nicht richtig gemacht und wieso ich zwischendrin einfach hin und her geschwommen wäre, weil mir kalt war, so etwas macht man doch nicht. Undsoweiter. Und dann kommt da so locker dieser Spruch: „Schade, mit dir ist es immer viel lustiger."

„Wieso?", fragte ich verblüfft. „Ich habe doch angeblich alles falsch gemacht?!"

„Ja eben", sagt der Womanizer. „Deswegen macht es ja so viel Spaß mit dir."

Vielleicht sollte ich mal eine Doodle-Umfrage dazu starten, was sich ein Don Juan-Frank eigentlich unter einer Frau vorstellt. Schwimmen muss sie offensichtlich nicht können.

Leistungsdiagnostik am Rothaarsteig

Meinen Herzbuben sehe ich nur am Wochenende und auch nicht an jedem, weil unsere Wohnungen durch etliche Kilometer getrennt sind. Wenn er nicht da ist, verabrede ich mich gerne mit Freunden zum Laufen. Folglich hatte ich die Idee Rothaarsteig sofort aufgegriffen: Ein Frank hatte via Zeitungsannonce einen Startplatz gewonnen. Höhenmeter gefallen mir immer, also war ich spontan begeistert. Aber wie es dann manchmal so läuft, trainierte mein Herzbube mit diesem Frank und unterwegs schmiedeten sie plötzlich Pläne, wie sie einen weiteren Frank am Rothaarsteig niedermetzeln könnten. Dadurch wurde der sauerländische Marathon plötzlich zum gemeinsamen Thema und schließlich stand ich mit drei Franks und meinem Partner am Start. Letzterer jammerte nicht schlecht, zu was ich ihn da angeblich überredet hätte. Dass das seine Idee gewesen sein sollte, konnte er sich bei dem Regen gar nicht vorstellen.

Aber ob die Herren dann auf den nächsten Kilometern mehr gejammert oder gejagt haben, kann ich nicht sagen, denn ich habe alle erst im Ziel wieder gesehen. Ich ging unterdessen meinen eigenen Vergnügungen nach, plauderte mit Bekannten, fand Fliegenpilze, hörte einen Kolkraben und amüsierte mich so, dass es mir die Schuhe ausgezogen hat – und zwar wirklich. Ein Schlammloch, das ich nicht so galant angesprungen habe, öffnete plötzlich seinen Schlund und – schlapp – steckte mein Schuh fest, während mein Fuß weiterlief. Gerade kam der nächste Marathoni vorbei, als ich meinen Treter aus der Mocke zog: „Hast du eine neue Socke für mich?“, fragte ich geistesgegenwärtig. Leider verneinte der Mitläufer. Später hat er mich allerdings besorgt gefragt, wie ich mit der Schlammpackung im Schuh so zurecht käme. Aber da hatte ich das mental längst weiter verarbeitet und eine Kurpackung für schöne Füße daraus gemacht. Auf diese Weise waren die letzten 15 km quasi Kur-Urlaub.

Besonders eindrücklich war auch ein kulturelles Erlebnis am Wegesrand. Gerade schlängelte sich der Weg durch nebligen Herbstwald, da tauchte eine Hütte mit Holzschild aus dem Dunst auf: „VIP-Museum“, las ich. Sofort grübelte ich, was es doch im Sauerland so alles gibt und ob ich für dieses Museum vielleicht eine längere Pause einlegen sollte. Doch als ich näher kam, entpuppte sich die Hütte als Verpflegungsstand und genau das stand auch auf dem Schild. Also kein roter Teppich und wichtige Personen im Glaskasten, sondern Bananen, Äpfel und Tee. Das war für mich wahrscheinlich besser, aber über die Museumsidee konnte ich noch ein paar Kilometer kichern. Das wäre doch nett, wenn die wichtigsten Personen ins Museum kämen und man sie dort jederzeit besuchen könnte.

Mit meinen Franks hatte ich mir im Vorfeld auch andere kulturelle Gedanken gemacht, ganz jenseits von Kilometerzahlen und Höhenmetern. Woher der Rothaarsteig seinen Namen hat, fragten wir uns. Zunächst fiel mir dazu eine Lorelei mit wilder roter Mähne ein, während einer der Franks eher an Redheads am Wegesrand dachte. Auch Rothändle und rote Hendl tauchten in unseren Assoziationen auf. Im Lexikon lernten wir dann, dass es zwar eigentlich keiner so genau weiß, aber die sauerländischen Berge jedenfalls nichts mit roten Haaren zu tun haben. Möglich wäre, dass eigentlich ein gerodetes Waldgebirge (Rod-Hardt-Gebirge) gemeint ist. Das klingt für mich nicht sehr überzeugend, denn Bäume gibt es dort wirklich jede Menge. Es könnte aber auch eine Anspielung auf das rötliche Eisenerz sein, Haar würde eigentlich Aar meinen und damit wiederum die vielen dort fließenden Bäche, die romantisch den Wegrand säumen. Das finde ich etwas glaubhafter. Der Rotbuchenbestand als Namensgeber wäre ebenfalls denkbar. Man sieht, die Menschen sagen viel und ob die Bedeutung mitgeliefert wird, ist eher unklar.

Das ist bei den Gesprächen mit meinen Franks auch immer so.

Im Training für den Rothaarsteig ergriff zum Beispiel die herbstliche Erkältungswelle das Land. Daraufhin behauptete ein Frank, seine Nase würde schneller laufen als er und das wollte er auf dem Sportplatz nicht mehr unter Beweis stellen. Noch schlimmer hatte es einen anderen Frank erwischt, der sich irgendwie elend fühlte, aber mir erklärte: „Das Problem ist, dass ich keine Symptome habe." Mir hat dafür das Problembewusstsein irgendwie gefehlt, aber das war einer der Gründe, warum bis zuletzt unklar war, ob ich nun wirklich mit meinen Franks an der Startlinie stehen würde. Die symptomlose Krankheit griff quasi um sich. Als dann kurzfristig alle genesen waren, ließ sich eine gemeinsame Nudelparty am Vortag nicht mehr organisieren.

Ich hatte zu diesem Zeitpunkt ohnehin längst andere Verpflichtungen angenommen: Die Teilnahme an einer Talkrunde zum Thema Leistungsdiagnostik. In meiner Funktion als Buchautorin und Triathletin war ich eingeladen. Wobei ich vermute, dass die Einladenden vorher nicht in meinem Buch gelesen haben, denn so die wirkliche Reklame für das Thema Leistungsdiagnostik bin ich nun nicht gerade. Aber ich fand das Ganze spannend und habe gestaunt, dass sich im kleinen Dörfchen Fleckenberg am Vorabend des Laufs immerhin etwa 30 Interessierte als Publikum eingefunden hatten. Auf dem Podium saß ich mit vier Herren: Dem Moderator, einem Sportarzt, einem Verkäufer von Leistungsdiagnostik und einem Außendienstmitarbeiter von einer Sportfirma. Wobei Letzterer und ich als die erfahrenen Marathonis vorgestellt wurden. Er hatte eine Bestzeit von zwei Stunden irgendwas und eine halbjährliche Leistungsdiagnostik hinter sich. Da war ich mit meinen 3:40 als Bestzeit natürlich die reinste Schlaftablette dagegen.

Am Anfang mussten wir uns alle kurz vorstellen. Daraufhin sagte ich es wie es ist: Dass ich noch nie eine Leistungsdiagnostik durchlaufen habe, dass ich keinen Trainingsplan habe, sondern meine Franks. Je nachdem, mit wem ich laufe und ob er gerade in einer regenerativen Phase oder im Saisonaufbau steckt, habe ich andere Herausforderungen zu bewältigen. Das wird zumindest nie langweilig.

Das hat den Leistungsdiagnose-Herren zwar unmittelbar eingeleuchtet, aber danach hat mir eigentlich niemand mehr eine Frage gestellt.

Als Biologin interessierte ich mich dagegen schon für das, was der Arzt so über Laktatwerte und CO_2-Messung erzählte, auch wenn es keine Auswirkungen auf mein Training haben würde. Immerhin, hinsichtlich Magnesium waren wir einer Meinung: Dass es bei Krämpfen gut ist, etwas zu trinken. Ob im Getränk Magnesiumtabletten schwimmen, ist wohl nur für den Verkäufer relevant.

Für mich ist es spannend, was sich in unserem Körper alles messen lässt und dass ich an einem Blutstropfen oder ein bisschen Atemluft erkennen kann, ob jemand gerade nur noch die Marmelade von seinem Frühstück verbrennt oder doch noch die Butter, die darunter war. Es ist auch beeindruckend, dass ein erfahrener Arzt mit geschultem Blick alleine am Körperbau erkennen kann, ob jemand ein talentierter Schwimmer oder Läufer ist.

Aber über mich wissen will ich das ehrlich gesagt nicht.

Mir hat es früher schon gereicht, wenn ich unter dem stechenden Blick meiner Sportlehrerin wie ein nasser Sack an den Ringen hing, als wir Klimmzüge machen sollten. Da hätte sie jetzt nicht unbedingt dazu sagen müssen, dass ich kein Talent habe. Das hätte mir vielleicht später nur die Lust auf die Klettertouren verdorben, mit denen ich viele Bergsommer lang so glücklich war. Wieso soll ich eigentlich auch immer nur das tun, wozu ich talentiert bin? Gerade die anderen Dinge sind doch die eigentlichen Herausforderungen.

Aber zurück zur Leistungsdiagnostik. Die kann den Profis sicher helfen, ihre idealen Trainingspläne aufzustellen. Höchst individuell, wie während der Diskussion immer wieder erwähnt wurde. Schließlich entspricht kein Mensch dem Durchschnitt.

Aber ich bin kein Profi und außerdem sozial veranlagt. Was will ich mit einem individuellen Trainingsplan, der nicht mehr zu meinen Franks passt? Es reicht ja schon, wenn sie mir im Wettkampf immer davonlaufen. Außerdem: Wenn ich Tipps bekomme, wie ich leeres Training vermeiden kann, dann ist das bei mir an der falschen Adresse. Langeweile ist eine Wohltat, die in unserer hektischen Welt schon fast eine Seltenheit ist. Nicht effektiv genutzte Zeit, das ist Spiel und wohltuende Monotonie. Nur dort, wo mir selbst die Zeit lang wird, entstehen neue Ideen und Begegnungen. Und vielleicht entsteht auch mal nichts, genauso wie eine Frau nicht fortwährend schwanger wird oder aus jedem Stein unbedingt ein Haus werden muss oder wenigstens eine Höhle für den Naturschutz.

Als es beim Rothaarsteig zum Beispiel zum X-ten Male steil bergauf ging, hatte ich gerade Conny getroffen und statt zu laufen, wanderten wir und plauderten. Aber als mir beim Bergablaufen die Oberschenkel schmerzten, war gerade kein tolles Erlebnis da oder ich war zu müde, um es zu bemerken. Ich bin einfach weiter gelaufen, weil stehen bleiben auch nicht besser gewesen wäre, auch wenn das jetzt gerade nicht so prickelnd klingt. Wenn jeder Schritt sinnvoll wäre, wäre das wahrscheinlich übersinnlich.

Jedenfalls kam ich nach 4 Stunden und 43 Minuten ins Ziel, genau wie ich es am Vorabend prophezeit hatte, ganz ohne Atemluft- und Bluttests. Da war ich ein bisschen stolz und glücklich sowieso. Der mehrfach leistungsgetestete Marathoni konnte dagegen wegen einer Verletzung gar nicht starten und die anderen drei Herren hatten es ohnehin nicht vor.

Im Übrigen ist für mich aus der Talkrunde die Frage offen geblieben, was die Diagnosen für Ultraläufer bringen. Wer sechs bis 48 Stunden läuft, bewegt sich natürlich nicht im anaeroben Bereich, sonst könnte er nicht so lange durchhalten. Für die Ultras sind da ganz andere Dinge entscheidend, etwa wie es Sehnen und Gelenken geht, ob sie Schlafmangel gut tolerieren können und ob Schmerz für sie überhaupt eine Bremse ist. Ich habe Ultraläufer gesehen, die 230 km am Stück getrabt sind, die Füße voller Blasen und mit einem Lächeln im Gesicht. Natürlich waren die am nächsten Wochenende schon wieder unterwegs. Als ich die längste Distanz meines Lebens (127 km) gelaufen bin, hatte ich nicht das Gefühl, ich bin irgendwie genau dafür geboren. Aber es war zu dem Zeitpunkt eine fixe Idee und irgendwie eine Gaudi. Mehr Blessuren als ein bisschen Muskelkater habe ich nicht davongetragen und Erinnerungen, die noch Jahre später lebendig sind. Für das Gehirn sind solche Herausforderungen bestimmt besser als Kreuzworträtseln, das haben die Neurobiologen mittlerweile längst gemessen.

Klar, die meisten sagen, dass wir Ultras verrückt sind oder eben nichts Besseres zu tun hätten. Da stellt sich nun wieder die Frage, was besser und was schlechter ist. Ich finde laufen halt netter, als Kotztüten sammeln. Aber dafür interessiert sich auch eine Heerschar von Menschen, zumindest für die unbenutzten Tüten mit ihrem manchmal witzigen Design. Im Internet sind zur Zeit unter www.airsicknessbags.de schon 67 Sammler aus 17 Nationen gelistet. So eine Sammlung könnte ich doch höchstens noch mit meinem VIP-Museum toppen. Da würde ich dann meinen

Herzbuben ausstellen, während ich außen herum laufe. Solange ich die Landschaft erforsche, könnte er sich darin auf seinem roten Teppich ausruhen. Hin und wieder würde ich ihn besuchen und vielleicht mal einen Frank dazustellen, damit er nicht so alleine ist. Unter Wikipedia könnte ich dann eintragen, dass sich der Name „Rothaargebirge" eigentlich aus dem roten Teppich entwickelt hat und wenn dann jemand unbedingt eine Diagnose für meinen Museumslauf will, würde ich sagen: Ich bin verliebt.

Stammtischgespräche

Einmal im Monat versammeln sich alle Franks in einer Kneipe. Zuerst dachte ich deshalb, das ist eine lockere Truppe. Die trinken und essen zusammen und nebenher verabreden sie sich zum Training. Aber so ist das gar nicht. Mehr als ein Bier oder eine Cola pro Person wird da meistens nicht verzehrt und wenn ich vor meinem Berg Nudeln sitze, habe ich selten Gesellschaft. Das ist mir direkt unangenehm, weil ich dann für die Tomatensoßenspritzer so viel Platz brauche und das Besteck klappert, während ansonsten nur Papier auf dem Tisch liegt. Wir haben schließlich immer irgendwelche Tabellen anzusehen. Dabei schwimmen wir im Sommer noch vor dem Treffen und statt des Gabelklirrens würde ich ansonsten sicher lautes Magenknurren einbringen. Wann die Franks essen, weiß ich nicht, vielleicht haben sie das schon mental gelöst und es reicht ihnen, wenn wir beim Laufen über Powergels diskutieren, um satt zu werden.

Stammtisch ist sowieso ganz der falsche Begriff, Teamtreffen nennen es einige, Organisationstreffen wäre vielleicht noch besser. Zumindest seitdem wir einen echten Protokoll-Frank in unserer Runde haben.

Nehmen wir als Beispiel ein Treffen im September. Ich dachte mir: So, das wird jetzt gemütlich zum Saison-Ausklang, da feiern wir unsere Erfolge und erzählen uns ein paar Anekdoten.

Aber der Protokoll-Frank sagte als erstes: „Es ist höchste Zeit, die nächste Saison zu planen. Im November ist sowieso schon alles ausgebucht!" Deswegen blätterten alle sofort in ihrem Kalender.

Allerdings hatte ich meinen Nordseeman-Pokal schon auf den Tisch gestellt, gefüllt mit Schokolade. Deswegen kauten einige an den Süßigkeiten und fragten mich, wieso ich den Pokal bekommen habe.

Ich erzählte also von meinem schönen Fahrrad mit Gepäckträger und Schutzblechen und dass so eine ganz normale Breitensportler-Ausrüstung heutzutage schon wieder preisverdächtig ist. Schließlich sind die meisten ausgestattet wie die Profis, selbst wenn sie nicht einmal halb so oft trainieren. Ob meines Berichts krümmte sich ein Frank, als wären Spinnen in der Schokolade gewesen. „Ein Gepäckträger! Das ist eigentlich ein Grund zum Vereinsausschluss!"

So etwas hatte es bisher noch nicht gegeben, dass jemand als Letzter ins Ziel kam und dann den dicksten Pokal davontrug. Mit so etwas wollen sich die Franks eigentlich nicht schmücken. Bestzeiten sind ihnen lieber. Entweder muss es lang gewesen sein oder schnell, am besten Beides und dann noch Regen und 40 Grad oder Eisplatten auf den Radwegen. Die Herren stellen sich ja dann immer vor, dass jemand bewundernd „Toll!“ zu ihnen sagt. Ich habe allerdings eine Frau kennen gelernt, die meinte nur: „Das ist total schrecklich mit einem Triathleten zu leben. Da kommst du dir bei einem Bier schon wie ein Säufer vor.“ Aber vielleicht sagt sie trotzdem manchmal „du bist toll“ zu ihrem Frank.

Das eigentliche Problem ist, dass ich nun auch ein bisschen zu der Gruppe gehöre und ich habe weder Bestzeiten noch Eisplatten, sondern einfach hübsche Touren. Das haben die Franks zwar vielleicht auch, aber das würden sie natürlich nie erzählen. Insofern kratzt meine Einstellung ein bisschen am Image der Truppe. Wenn ich nur langsam wäre, das wäre glaube ich noch ok. Aber dass ich es dann auch noch lustig finde, das ist doch eher der Untergang für die modernen Jäger. Ich hoffe auch beständig, dass noch mehr Normalos zu uns stoßen. Damit meine ich solche, die sich nicht als halbe Profisportler definieren, sondern einfach nur neugierig und ein bisschen beweglich sind. Unsere Truppe wird auch tatsächlich unentwegt größer. Erst kürzlich hatte ich ein nettes Gespräch mit einer mir bis dahin unbekannten Frankine.

„Hallo, ich bin die Verena. Bist du neu?“

„Nein, ich war schon drei Mal beim Stammtisch.“

„Ach so. Und hast du auch schon Wettkampferfahrung?“

„Silvester wollte ich in Herne starten, aber da war ich krank.“

„Bei dem Lauf? Jetzt Samstag ist auch wieder ein 10-km-Lauf.“

„10 km sind mir zu viel. Ich hatte für 5 km trainiert.“

„Ach so, kommst du eher vom Schwimmen?“

„Nein, ich komme von gar keiner Sportart.“

Das fand ich total interessant. Aber als sie dann bei der Verteilung der Wettkampfkleidung sagte, sie hätte gerne ein Herrentop, das würde ihr wegen der Muskeln besser passen, da dachte ich spontan, ich werde beim nächsten Wettkampf doch wieder als letzte aus dem Wasser kommen.

Typischerweise sieht das mit den Neulingen ohnehin so aus wie an jenem Wintertag:

Ein Typ mit sportlich-sehniger Figur und einem schüchternen Lächeln setzte sich zu uns an den Tisch. Er hatte den Tipp von einem, der einen kennt, der einen von uns kennt. Denn im Internet sind wir noch immer schwierig zu finden, unsere Trainingstermine sind sehr variabel und falls jemand eine Mail schreibt, muss er schon einige Geduld aufbringen, bis er Antwort bekommt. Wir sind quasi so eine Art Geheimbund, der regelmäßig in der Zeitung steht. Jedenfalls hatte dieser Typ uns entdeckt, er kommt wohl auch aus der Forschung wie ich.

Zurückhaltend nannte er seinen Namen (er wusste offensichtlich noch nicht, dass er ab sofort Frank hieß). Mit beschämtem Blick berichtete er, dass er früher mal gelaufen sei. Ich schätzte spontan, dass sich seine bescheidene Auskunft auf irgendwelche Marathonbestzeiten weit unter vier Stunden bezog. Weiterhin berichtete er, er habe Achillessehnenprobleme bekommen (das erhärtete meinen Verdacht, denn Achillessehnen tun bekanntlich erst weh, wenn sie ordentlich beansprucht werden). Er wäre dann Rad gefahren, da hätte er aber keine so gute Technik, er könnte besser geradeaus, als um die Kurve fahren. Das hörte sich fast so an, als würde ich erzählen. Aber es war anzunehmen, dass es in freier Wildbahn doch ganz anders aussieht und ich niemals werde beurteilen können, wie seine Kurventechnik ist, weil er mich lange vor der ersten Kurve abgehängt hat. Ich bin so etwas mittlerweile gewöhnt. Und ich kenne dieses gnadenlose: „Wenn wir zu unterschiedlich im Tempo sind, macht das gemeinsame Training keinen Sinn." Dabei dachte ich früher immer, Schnellere könnten auch langsamer, aber das ist nicht unbedingt so. Die Schnellen frieren dann, fallen um oder kriegen schlechte Laune. Es ist also besser, ich treffe sie nur beim Stammtisch.

„Ja und schwimmen geht halt nicht so gut", beendete der neue Frank seinen Niedermacherbericht. „Ich hoffe, dass ich da in der Gruppe was lernen kann." In dem Moment war ich sehr gespannt, weil mit genau dem Spruch war ich auch zu der Truppe gestoßen (Siehe „Abgetaucht – Anekdoten aus dem Triathlon", Agon Sportverlag 2010). Für mich gab es damals die klare Ansage, da könne mir keiner helfen, sie wären schließlich keine Schwimmlehrer. Nur haben mich die Franks damit nicht los gekriegt, sondern ich bin so lange zwischen ihnen herum gepaddelt, bis mal einer anfing, mir Verbesserungsvorschläge zu machen. Das war meine persönliche Sternstunde, denn ich dachte mir: Wow, jetzt nehmen die Franks dich ernst! Vertreiben konnten sie mich nicht, das hatten sie schon gemerkt, also versuchten sie mich doch auf ein Niveau zu hieven, das der Gruppe annähernd würdig war.

Auf den Neulings-Frank reagierten sie aber anders. Stilles Nicken signalisierte, dass er sich Hoffnung machen konnte. Unterdessen haben wir im Winter schließlich sogar drei Schwimmtermine und obendrauf einen Schwimm-Frank, der gelegentlich 50 km pro Woche absolviert. Im

Wasser wohl gemerkt. Da hoffen dann alle, dass sie etwas von ihm lernen können.

„Neulich habe ich mal die Zeit gestoppt", fuhr der Neue mit seinem Bericht fort. „500 m schwimme ich im Moment in zehn Minuten." Wieder nickten alle verständnisvoll, nur ich sagte: „Das ist so gemein!" Der Neue hatte wahrscheinlich gar keine Ahnung, was ich meinte. Dass ich schon seit Jahren übe, Franks beobachte, mich in Salzwasser pökele und trotzdem noch meilenweit von diesen zehn Minuten entfernt bin, das konnte er sich wahrscheinlich gar nicht vorstellen.

„Naja, so etwas ist sicher genetisch", tröstete mich einer von den Franks, der mich schon besser kannte.

Jedenfalls hat mich mein erster Eindruck nicht getrogen, der neue Frank ist in der Saison darauf zum Vereinsmeister aufgestiegen. Um ihn wiederzusehen, habe ich ihn zu meinem Geburtstag eingeladen. Das war insgesamt eine der wenigen Gelegenheiten, wo ich meine lieben Franks auch mal von vorne sehen konnte.

Aber es ist auch falsch zu denken, ich wäre immer das Schlusslicht. Ich komme zwar beim Triathlon möglicherweise als Vereinsletzte an, aber das ist schließlich relativ. Wir haben da unterdessen auch einen Tabellen-Frank, der die Relativitätstheorie so umgerechnet hat, dass auch Franks da hinein passen. Nach einem mehr oder weniger geheimen System verteilt der Tabellen-Frank Punkte an uns. Zum Beispiel für Alter, Wetter am Wettkampftag, Geschwindigkeit und Platzierung. Das Ganze wird dann multipliziert, geschüttelt, gefärbt und diskutiert und anschließend haben wir eine Reihenfolge, die ich total gut finde, weil ich zum Mittelfeld gehöre. Das liegt einerseits daran, dass ich beim Laufen gar nicht schlecht bin und dann auch daran, dass ich weiblich und über 50 bin. So etwas gibt immer Sonderpunkte, obwohl ich gar nichts dafür kann.

Nicht jedes Teamtreffen verläuft übrigens so friedlich und voller neuer Pläne. Eines Tages im November hatten wir stattdessen einen regelrechten Krimi. Es gab zwar nicht direkt Tote, aber die Stimmung war schon in die Richtung. Das fing hoch mysteriös an. Ich kam etwa zehn Minuten nach 20 Uhr und erwartete alle Franks versammelt zu sehen, denn die sind sogar beim Bier trinken pünktlich. Es stand die ganze Saisonplanung an, also würde wohl auch jeder kommen, der es sich irgendwie einrichten konnte. Als ich die Tür zur Kneipe öffnete, saß da aber nur ein kleines Quartett und diskutierte so heftig, dass ich kaum ein Hallo dazwischenwerfen konnte. In dem Moment tauchte schon ein Frank aus dem hinteren Teil der Kneipe auf und sagte zu mir: „Wir sitzen eigentlich da hinten."

„Ach so?!"

Mein Erstaunen konnte nicht größer sein. Dass wir zwei Tische brauchen, kommt schon öfter vor, aber dann nehmen wir normalerweise welche, die nebeneinander stehen und nicht am jeweils anderen Ende des Lokals.

Am Zweittisch fand ich tatsächlich die restliche Mannschaft versammelt, die alle freundlich ihr Getränk anlächelten und sich Gedanken machten, wieso die Diskussionsgruppe nicht dazukam. Offensichtlich wusste keiner so richtig, was los war. „Los geh du doch mal und hol sie mit deinem Charme", wurde ich aufgefordert. Aber nachdem mir neulich ein charmanter Frank gesagt hat, er müsse mich nicht auch noch beim Stammtisch sehen, wenn wir uns schon beim Training andauernd treffen, war ich vorsichtig mit meinen Kommentaren. Gleichberechtigung hin oder her, als einzige Frau zwischen 20 Männern gibt es Momente, in denen man manchmal besser den Mund hält. Nach einer gefühlten Ewigkeit kam das Quartett mit ernstem Gesicht zu unserem Haupttisch und ich dachte: Oh Gott, jetzt hält der Protokoll-Frank gleich eine Grabrede, der sieht ja die ganze Zeit auf den Boden, als hätte er da jemanden eingebuddelt. Aber es ging dann eigentlich eher darum, dass es Sinn macht, zusammen zu sprechen. Zum Beispiel, wenn einer die Liga anmeldet und dann macht noch einer dasselbe, das wäre ungünstig. Oder wenn ein Frank verspricht: „Ich kümmere mich um die Homepage" und dann sagt jemand zu ihm: „Dafür brauchst du ein Passwort und das gebe ich dir nicht." Das wäre auch ungünstig. Aber so richtig habe ich wahrscheinlich auch nicht verstanden, worum es ging.

Jedenfalls gibt es unsere Gruppe noch und in der Liga greifen wir ordentlich an. Ich stehe als Notnagel in der Reserveliste und ein quietschgrünes Liga-T-Shirt habe ich auch schon, obwohl ich noch nie mit der Liga am Start war. Aber Größe S war übrig und da bin ich die einzige, der das passt. Ich wusste ja schon immer, dass ich ein Glückspilz bin.

Ligastart in Sassenberg

Triathlon ist nicht nur etwas für einsame Kämpfer, sondern auch ein Mannschaftssport. In der Liga muss man zu viert sein, dann werden die Zeiten zusammengerechnet, in Punkte umgewandelt und am Schluss in Tabellen – oder so ähnlich. Als ich in der Frank-Gruppe anfing, hieß es, ich könnte auch gelegentlich in der Liga mitmachen, denn da wäre im Grunde nichts zu verderben. Wir waren eher auf den hinteren Plätzen und jedes Jahr wurde erneut diskutiert, ob es überhaupt genügend Starter gibt. Von den ca. 20 Leuten in unserer Truppe hat schließlich jeder so seinen eigenen Terminplan und Krankheiten sind auch ziemlich beliebt. Aber seitdem dann der Protokoll-Frank aus dem Stammtisch eine Besprechung gemacht hat, haben wir jede Menge Neuzugänge und es lässt sich in der Liga unterdessen eine Menge verderben, weil wir da ganze Tabellenplätze nach oben rasten. Ich bekam zunehmend den Eindruck, in einer Profigruppe gelandet zu sein. Meine beruflichen Schwerpunkte liegen nun eher in verschiedenen Varianten des Schreibtisch-Durchwühlens, so dass sich dann für mich schon die Frage stellte, was ich in so einer Gruppe zu suchen habe. Andererseits erübrigt sich diese Überlegung jedes Mal, wenn ich mit den Franks etwas unternehme. Im Lachen und Blödsinn machen haben wir ungefähr das gleiche Niveau. Außerdem ist jemand, der weniger leistungsfähig ist, ausgesprochen wichtig, damit die anderen ihre Fähigkeiten überhaupt erkennen. Es gibt da diese beliebten Sprüche wie „der kann nicht schwimmen" oder „ich kann eben nicht laufen", so dass ich manchmal denke, im Triathlon sind hauptsächlich Nichtschwimmer und Beinamputierte, aber in Wirklichkeit sind damit Unterschiede von ein paar Minuten gemeint. Das kommt eben davon, wenn den ganzen Cracks und Eisenmännern die Vergleichsbasis fehlt.

Im Übrigen gehöre ich zur Untergruppe „Notnagel". Wenn absolut niemand anderes Zeit hätte, wäre ich als Ligastarter immer noch zugelassen. Denn besser als Niemand bin ich allemal. Deswegen habe ich jetzt auch einen Startpass. Das bedeutet: Ich bin versichert wie ein teures Schmuckstück und muss mich außerdem immer und überall an den Anti-Doping-Code halten. Kaffee trinken ist noch erlaubt und meinen Lieblingstee, den Kakaoschalentee, kennt wahrscheinlich niemand. Wie ich jetzt festgestellt habe, dürfte ich mich sogar jederzeit betrinken. Alkohol ist nur beim Bogenschießen, Karate, Kegeln, Fliegen oder Motorrad fahren verboten.

Trotz Startpass hatte ich bisher aber noch keinen Notnagel-Einsatz. Dafür war ich als Fan schon mehrfach sehr nahe am Geschehen, zum Beispiel in Sassenberg. Da hatte sich über einen längeren Zeitraum eine Mannschaft formiert, deren Teilnehmer immer abwechselnd ab- und zusagten. Ich wusste also bis zuletzt nicht, wer eigentlich auf der Startlinie stehen würde, aber ich war in jedem Fall ihr Fan. Am ersten Augustmorgen trafen wir uns zu fünft am Vereinsbus. Drei Starter, zwei Fans. Der vierte Starter kam in einem anderen Wagen. Die Anfahrt verlief relativ problemlos. Die Herren unterhielten sich über die Proportionen von Wasserballerinnen und ich kaute Kaugummi, damit mir nicht schlecht wird. Unterwegs gab es zum Glück auch eine Pause, obwohl ich meine Konfirmandenblase gar nicht erwähnt hatte.

„Wir sind doch die Generation Kürbiskern", erklärte unser Chauffeur. Außerdem machten wir noch eine interessante Entdeckung: Einem Frank fiel plötzlich ein Nummernschild unter dem Fahrersitz auf, er vermutete dort einen Zweitschlüssel oder ähnlich Wichtiges. Eine Weile hantierte er kopfüber an dem Zettel und wies den Fahrer an: „Nur nicht bewegen, damit jetzt nichts einklemmt." Nach einigen Minuten Bastelzeit zog er dann seine Trophäe hervor: Einen Handbesen! Ich muss immer wieder staunen, welche Zutaten zum Triathlon gehören.

Endlich angekommen, packten wir unsere Fahrräder aus und ließen uns beschriften. Die Ligastarter bekamen eine Nummer auf den Arm und ich ließ mich mit „Fan" tätowieren. Anschließend war ich quasi arbeitslos, weil sich meine Stars in die Wechselzone zurückzogen. Da hat ein Nicht-Starter keinen Zutritt, selbst wenn er Fan ist. Diese Zone wird bewacht, so ähnlich wie an der Grenze zu einem anderen Land. Die Kontrolleure heißen Kampfrichter, das ist so eine Mischung aus Polizist, Jurist, Psychologe und Kampfhund. In unserem Verein gibt es auch einen Kampfrichter-Frank, dafür hat er sich extra ausbilden lassen. Seitdem kriege ich immer die schwarze Karte, wenn er mich in der Stadt beim Radeln ohne Helm erwischt. Das klingt für mich ein bisschen nach Okkultismus, Karten lesen muss ich eben auch noch üben. In Sassenberg habe ich dann einen Kampfrichter nahe der Wechselzone beobachtet. Er hat vor allem darauf geachtet, dass sich Athleten und Nicht-Athleten oder Später-dran-Athleten nicht miteinander verknoteten. Außerdem kontrollierte er die Sportler, die sich zur letzten Etappe – dem Laufen – aufmachten. Wenn die Triathleten aus der Wechselzone kommen, müssen sie anscheinend ordentlich aussehen und die Startnummer vorne tragen. Das gelang den wenigsten und so sagte der Kampfrichter, der auch „Schiedsrichter" auf seiner Jacke stehen hatte, permanent: „Startnummer nach vorne." Damit löste er unterschiedliche Reaktionen aus. Ein Läufer zum Beispiel fing daraufhin postwendend an, sich zu entkleiden. Das war aber kein Striptease, sondern der Versuch, die Startnummer an die richtige Stelle zu befördern. Er hatte sie mit Sicherheitsnadeln an sein T-Shirt gepinnt, so dass im Grunde nichts verrutschen konnte. Nur leider war vorne und hinten und Innen und Außen im Eifer des Gefechts durcheinander geraten. Ein anderer antwortete schlagfertig: „Die Nummer habe ich verloren". Da musste der Kampfrichter auch noch Aufklärungsarbeit leisten: „Nein, die hängt an dem Gummiband, aber das hast du auf dem Rücken!" Am unglücklichsten lief es für einen Sportler mittleren Alters, der mich irgendwie an mich erinnerte. Als er die Worte „Startnummer nach vorn" hörte, sah er wie elektrisiert an sich herunter, machte eine rasante Kehrtwendung und spurtete zurück in die Wechselzone. Aber wenige Sekunden später stand er schon wieder vor dem Kampfrichter und beichtete mit nervöser Stimme: „Ich habe die Startnummer beim Schwimmen verloren!“ Nun, wenn er die Papiernummer tatsächlich im Wasser schon umgehabt hat, wundert mich nichts mehr.

Für mich war es erfrischend, einmal zu sehen, dass andere Triathleten auch nervös und durcheinander sind. Normalerweise kriege ich das schließlich nicht mit, weil die anderen schon weg sind.

Aber das vergnügliche Zuschauen war bald vorbei, denn nun rückten meine Stars an und wanderten zum Start. Der lag an einem Sandstrand. Von dort mussten sie erst eine Runde schwimmen, kurz an Land beweisen, dass sie noch laufen können und dann wieder ab ins Wasser und zum anderen Ufer.

Es ist ein wunderbarer Anblick, wenn eine Gruppe Schwimmer in die Fluten springt. Mit ihren bunten Badekappen und den schwarzen Neoprenarmen, die aus dem Wasser ragen, sehen sie eigentlich eher wie ein Fischschwarm aus. Als Biologin habe ich daran natürlich meinen Spaß. Die Formation reißt dann aber bald auseinander, das kenne ich schon. Wenn ich mitmache, sehe ich gerade noch wie die ganzen Badekappen entfleuchen, bis ich ganz allein zwischen den Wellen dümpele. In diesem Fall war es aber anders herum: Einer der Franks war auch bald allein im Wasser, allerdings weil er der Schnellste war. Kaum war er an der Boje, da tauchte er schon wieder an Land auf und ich fand meine Kamera viel zu langsam. Auf die anderen aus unserer Liga musste ich auch nicht lange warten und als ich sie digitalisiert hatte, spurtete ich zum Schwimmausstieg, um den Ersten erneut abzulichten. Aber ich war zu spät, manche Franks schwimmen offensichtlich schneller, als VIGLis laufen können. Trotzdem hatte ich hinterher eine ganz ansehnliche Fotogalerie von meinen Stars mit und ohne Neopren zusammen. Der Tag war mittlerweile auch schon ziemlich fortgeschritten, obwohl die eigentliche Herausforderung noch auf mich wartete: Zusammen mit meinem Partner, dem Zweitfan, wollte ich die 120 km nach Hause radeln. Die Franks meinten, das dauert doch nur so drei bis vier Stunden. Aber ich bin ja kein Frank und eine Kuchenpause brauchte ich auch noch, das ist also schon ein ausgefüllter Nachmittag für mich.

Während ich gut gelaunt nach Bochum strampelte, ereignete sich beim Ligawettkampf noch etwas Ungewöhnliches. Ein Frank musste vier Minuten ins Gefängnis und weil er das ungerecht fand, hat er den Wettkampf einfach beendet. Wie gesagt, es gibt beim Triathlon eine Menge Regeln. Diesmal lautete der Vorwurf: Windschatten fahren. Das sind so die Dinge, die ich immer nur vom Hören-Sagen kenne, weil mit mir ja nie einer fährt, der Schatten spendet. Das soll sich aber ganz schön auf das Tempo auswirken. Die Übeltäter müssen dann in einer sogenannten „Penalty Box" die Strafzeit absitzen. Ich stelle mir das so ein bisschen vor wie in einem Dixi-Klo und das ist natürlich nicht schön. Das hat unser Frank nicht mitgemacht und damit hat er unsere Liga wieder ein paar Tabellenplätze nach unten katapultiert. Das ist insofern ganz gut, als wir nun auch wieder aufsteigen können. Außerdem haben wir ein Thema, über das wir bei den nächsten langen Läufen diskutieren können. Ansonsten hat es glaube ich keine Konsequenzen. Für mich jedenfalls nicht, denn als Frank-Fan bin ich ziemlich unerschütterlich.

Von Fröschen und anderen Geheimcodes

Sportler sind ja grundsätzlich gutherzig. Mein Freund unterstützte zum Beispiel eine Zeitlang eine Art Lehrer-Selbsthilfegruppe. Das ist so eine Vereinigung, die Geld dafür nimmt, dass sie Stundenpläne schreibt. Damit verhelfen sie sich selbst zu einem guten Verdienst und wer seiner Schulzeit nachtrauert, findet hier eine tröstliche Struktur. Genau wie damals, kann man die unerbittlichen Lehrer hassen und zugleich die Geborgenheit eines klar geregelten Tages genießen. Einzige Voraussetzung ist, dass man ein Ziel formuliert und zahlt. Mein Freund fand das so interessant, dass er sofort angefangen hat zu zahlen, aber mit der Zielformulierung war es schon schwieriger. Eigentlich sagt er immer, das Wichtigste ist, dass er fitter ist als ich. Aber das konnte er in keine Rubrik eintragen. Sollte er nun punktgenau auf einen Marathon trainieren? Sollte er offenbaren, dass er auch Fahrrad fuhr? Fragen über Fragen, die sich nicht so einfach beantworten ließen. Irgendwie hat er sich wohl durch den Fragebogen geklickt und bekam dann auch bei Bedarf seinen Stundenplan. Aber den kommentierte er soweit ich weiß meist mit den Worten: „Ich habe doch meine Ziele längst geändert, der Plan stimmt so nicht." Anschließend verschob er die Datei irgendwohin auf seinen Desktop und vergaß sie dort neben den vielen anderen Dateien, die seinen Bildschirm stets zieren wie elektronische Windpocken. Nur einmal, als ich ihm eine 100-km-Radtour vorschlug, da kam er nochmal auf seinen Plan zu sprechen. Da passten die 100 km garantiert nicht hinein, er konnte also gar nichts dafür, dass er mir absagen musste. Nun gut, manche Menschen spenden für UNICEF oder Caritas und er halt für die Stundenplanschreiber. Das sollte ich ihm nicht übel nehmen, die wollen schließlich auch leben.

Ich für meinen Teil habe dagegen durch meine Franks schon ausreichend Lebensstruktur. Wir haben verschiedene Orte und Uhrzeiten, an denen wir uns im Verlauf der Woche zum gemeinsamen Sporteln treffen. Da wäre zum Beispiel der Treffpunkt Frosch. Damit ist ein Ungetüm gemeint, das die Phantasie der Triathleten beweist, denn ich glaube, außer meinen Franks sieht darin niemand ein Tier. Es ist wohl eher eine Rutsche. Aber die Franks lassen es als Dinosaurier, Frosch oder planetare Erscheinung durchgehen. In jedem Fall steht es auf einem Spielplatz und da laufen wir dienstags meistens los, wenn unser „wir spielen Training" angesagt ist.

Manchmal treffen wir uns allerdings auch bei echten Fröschen, Kröten und Molchen. Es gibt nämlich Eisenmänner, die solche Amphibien in ihrem Garten beherbergen. Damit haben sie natürlich einen Poker in der Hand, wenn sie sich mit mir verabreden. Als Vollblut-Biologin lasse ich mich an so einem Tümpel beliebig lange parken, falls sich unsere Laufverabredung verschiebt. So etwas gibt es normalerweise unter Sportlern natürlich nicht. Da verabredet sich keiner um „circa viertel vor" sondern da heißt es in der Regel: 17:45:30. Wer dann nicht da ist, wird zurückgelassen, das ist wie bei der Eisenbahn.

Es gibt allerdings Franks, die aus der Kommunikationsbranche stammen und für eine einzige Verabredung durchaus zehn SMS brauchen. Das ist für die Telekom natürlich super, aber für mich manchmal etwas verwirrend. Ich kann nur froh sein, dass ich nicht noch zusätzlich einen Stundenplanschreiber habe, der mir etwas diktiert.

So ein SMS-Gespräch verlief zum Beispiel einmal so:

„Heute laufen?"

„Ja, ich will schon laufen."

„17 Uhr?"

„Werde vielleicht krank, melde mich."

Natürlich verwandelte ich mich kurzfristig in eine Krankenschwester, wünschte gute Besserung und – kontaktierte einen anderen Frank. Das ist schließlich der Vorteil von einem Verein, da muss keiner allein bleiben.

Aber kurz darauf ging das Kommunikationstraining weiter:

„Ich versuche es mit dem Laufen, kannst du auch 15 oder 30 Minuten eher bei mir sein?"

Ich war natürlich flexibel und sagte ja. Daraufhin telefonierten einige Franks miteinander und plötzlich piepte es bei mir: „Es bleibt doch bei 17 Uhr."

16:58 waren also Zweitfrank und ich beim Kommunikationsexperten und ich fragte: „Wohin laufen wir denn?“

Aber meine Franks sind eben keine Stundenplan-Spucker, folglich wurde ich mit den Worten: „Das siehst du ja dann“, an besagtem Tümpel geparkt. So wurde die Spannung gesteigert, vor allem, weil es noch eine Weile dauerte, ehe es losging. Der Kommunikationsexperte stellte nämlich fest, dass es ihm unterdessen doch lieber gewesen wäre, später zu starten, da ihn die Arbeit ereilt hatte. Für mich ist Arbeit kein so selten hereinbrechendes Ereignis, sondern ein regelmäßiger Vorgang, deswegen kann ich das besser kalkulieren, wahrscheinlich. Aber nach einigem hin und her trabten wir um 17:10 los, wobei ich erklärt bekam, dass die Grippe dem einen Frank vielleicht hinterher eilt und ihn im Wald niederwerfen könnte.

„Das macht nix“, sagte ich pragmatisch. „Es ist ja noch ein zweiter Frank dabei, da bin ich nicht allein.“

Prompt gaben die zwei Franks bergab ordentlich Gas, damit ich gleich wusste, wer hier eventuell allein im Wald zurück blieb. Zum Glück habe ich noch ein paar Frank-Nummern in meinem Handy gespeichert, ich hoffe mal irgendeiner wird mich gegebenenfalls retten.

Bergauf kann ich manchmal an den Herren vorbei schweben, aber nur einmal. Das soll frau überhaupt nicht tun, an Herren vorüber flattern, es sei denn, sie will sie wirklich auf immer und ewig hinter sich lassen. Ansonsten führt das nur dazu, dass das Grundtempo angezogen wird. Zum Beispiel habe ich an jenem Sommerabend ein paar verzweifelte Versuche unternommen, meine zwei Franks zu fotografieren. Wir liefen gleichmäßiges Sechs- Minutentempo, da kann ich ohne Probleme kurzfristig einen Zahn zulegen. Das nutzte mir aber nichts, weil meine Herren genauso viele Zähne fletschten. Statt feuriger Eisenmann-Gesichter habe ich also nur Hinterteil-Porträts zustande gebracht. Das darf frau nämlich schon, ein bisschen hinterher laufen. Aber nicht zu viel natürlich, denn wenn die starken Herren warten müssten, verkühlen sie sich und werden krank, für so etwas sind sie einfach nicht konzeptioniert. Dafür brauche ich nicht einmal eine Erklärung, das ist mir auch so klar.

Ansonsten haben wir natürlich wie jede Gruppe auch einige Geheimcodes. Das Spezielle dabei ist, dass der Code niemals allen Gruppenmitgliedern bekannt ist. Mit Google, Wikipedia und Humor erschließen sich allerdings die meisten Sprachwunder. Zum Beispiel die Ansage: „Komme nur bei einem Kp-Index von 9, der ist wahrscheinlich, auch wenn weitere Flares jenseits von M8.7 ausbleiben." Dafür muss man nur wissen, dass einige Franks gerne die Sterne vom Himmel pflücken. Ich finde allerdings, mit meinen Franks unterwegs zu sein ist besser als jedes Polarlicht, das sind schon ziemliche Leuchten.

Bei Facebook haben wir übrigens eine eigene Gruppe nur für Franks und Frank-Freunde. Das ist auch gut so, denn wenn andere Menschen unsere Verabredungen lesen würden, bekämen sie glaube ich oft einen falschen Eindruck. Neulich schrieb zum Beispiel einer:

„Ich habe einen Raum, da passen zehn Leute rein. Liegend."

Darauf ein anderer Frank: „Bei mir 50."

Ich glaube, da würde bei vielen Lesern der Eindruck entstehen, wir wären so eine bizarre Kuscheltruppe. In Wirklichkeit ging es um Krafttraining. Die Rumpfstabilität ist ein wichtiges Ziel für die meisten Sportler. Der stabile Unterkörper ist in vielen Situationen von Vorteil.

Krafttraining steht bei uns vor allem im Winter hoch im Kurs, also zumindest bei den Franks. Ich denke mir, wenn die kräftig sind, können sie mich notfalls auch tragen. Ich bleibe lieber beim Laufen.

Eines Abends lief ich mit Frank 1 und 2, bis beide müde und zu Hause waren, aber ich noch ein paar Kilometer vor mir hatte. Wie das dann oft so ist, begegnete mir noch ein dritter Frank. Mit Rucksack kam er mir entgegen getrabt. Ich wendete spontan und dachte mir, noch ein paar Meter mehr könnten mir nicht schaden.

„Hallo, was machst du denn hier?", fing ich an zu plaudern.

„Ich will zum Krafttraining", erwiderte der Frank 3.

„Ach so, wann geht das denn los?"

„Um 19 Uhr 30, so ein Quatsch, das ist viel zu spät."

„Und wo läufst du jetzt hin?"

„Einmal um den Pudding."

Leider ist Pudding ein so breiiger Begriff, dass ich damit nicht wirklich etwas anfangen konnte, aber ich blieb wacker an Franks Seite, bis plötzlich eine Taschenlampe von vorn aufflammte. Wieder ein Frank, obwohl die Stadt wirklich nicht nur aus Franks besteht. Aber abends bei Regen im Freien, da sind sie doch in der Mehrheit.

„Na, wo wollt ihr denn hin?", fragte dieser Frank. Das konnte ich nun nicht beantworten und der andere wollte wohl nicht oder er hat die Frage nicht bemerkt. Jedenfalls lief er einfach weiter.

„Lauft ihr denn zusammen?", fragte mich der Taschenlampen-Frank erstaunt.

„Ja, dachte ich eigentlich“, antwortete ich nachdenklich.

„Aber ich glaube, das hat der Frank nicht gemerkt“, erwiderte mein neuer Begleiter, als wir den Puddingläufer im Park verschwinden sahen. Zum Trost bot mir der Taschenlampen-Frank das Leckerli von seinem Hund an. Der durfte das nämlich nicht mehr kriegen, weil er mich begrüßt hatte, statt sitzen zu bleiben. Dabei war doch der Hund viel höflicher als der Puddingläufer.

Die Ultra-Familie und andere Trainingspartner

Meine Mutter hat früher immer gesagt, ich wäre kein Familienmensch. Wahrscheinlich, weil ich lieber Regenwürmer gesammelt habe, als mit der Verwandtschaft Kaffee zu trinken. Es ist aber wiederum so, dass ich mit meinem Onkel den Kilimandscharo bestiegen und mit einer Cousine und einer Schwester schon Marathon gelaufen bin. Es kommt also auf die Hobbys der Verwandten an. Später habe ich ohnehin gelernt, dass sich die Zugehörigkeit eher aus bestimmten Eigenschaften, als aus der Blutsverwandtschaft ergibt. Wer mehr als 42 km am Stück läuft, gehört zum Beispiel automatisch zu den Ultras.

Wie bei der Geburt gibt es für so etwas in der Regel auch eine Urkunde, oft sogar eine Medaille. Aber vor allem begegnet man dann sofort und überall seiner neu gewonnenen Verwandtschaft. Die Ultras sind durchwegs freundliche Menschen, die jeden gern in ihre Gruppe aufnehmen, überall herumlaufen, gerne Kuchen essen und Späße machen.

Angenommen ich erzähle, dass ich einen Regenwurm gegessen habe. Dann würde ein Triathleten-Frank fragen: „Wie viele Kohlenhydrate sind das? Ersetzt das einen Riegel?"

Der Ultra würde dagegen antworten: „Das ist sicher eine interessante Erfahrung." Die meisten Menschen, die ich kenne, gehören in keine der Kategorien und würden einfach anmerken: „Du spinnst."

Ultras dagegen sind derartig friedfertig, dass es Menschen wie mich schon wieder aggressiv macht. Evolutionär gesehen ist das Friedfertige aber natürlich sinnvoll. Die Langstreckler sind schließlich oft stunden- und tagelang zusammen unterwegs. Da muss man seine Energien sparen und sich den Nebenmann für das nächste mentale Loch warm halten. Der aggressionsfördernde Wettkampftunnel tritt üblicherweise eher bei Kurzstrecken und Triathlons auf, als bei den wirklich langen Kanten.

Ein typisches Gespräch mit einem Frank läuft zum Beispiel so ab:

„Wieso läufst du denn bei dem schönen Wetter mit Handschuhen?"

„Damit ich mir die Finger nicht schmutzig mache, wenn ich dich in den nächsten Graben werfe."

Ein typisches Gespräch zwischen Ultras klingt dagegen eher so:

„Du hast ja ganz blaue Lippen."

„Ja, mir ist kalt, aber ich kann das überleben."

„Hier hast du meine Jacke.“

Auf einer Ultrastrecke sind die äußeren Gefahren einfach in der Übermacht und die Athleten tun gut daran, sich gemeinsam dagegen zu verbünden. Trotzdem gibt es am Schluss einen Sieger und es wäre eine Fehlannahme, die Ultras wären ausschließlich zum Spaß unterwegs. Eher vergleichbar sind sie mit Raubtieren, die Kilometer fressen und manchmal auch gerne mehr Beute erlegen, als ihre Beine vertragen. Aber dafür gibt es das Wunderwerk der Regeneration. Das weiß unterdessen jeder, dass die Muskeln nur in den Pausen wachsen und dass es deshalb der schlimmste Trainingsfehler ist, die Ruhephasen weg zu lassen. Darin sind sich die Ultras, die Franks und der Rest der Welt sogar einig. Aber was eine Pause ist, das steht in keinem Lexikon und deswegen hat jeder seine eigene Definition. Schlafen, sagen die einen, Massagen, die nächsten und dann gehört auch schwimmen oder radeln oder laufen in die Rubrik. Das ist jetzt kein Tippfehler, sondern Erholung ist eben höchst individuell. Wer 230 km am Stück läuft, fühlt sich auf dem Fahrrad wie der Gott persönlich, weil er plötzlich sein Körpergewicht nicht mehr tragen muss und ein 20-km-Lauf ist dann natürlich auch nur eine Lockerungseinheit. Schwimmen gilt ohnehin als Wohltat, weil der Körper schwebt wie ehemals im Mutterleib, jedenfalls theoretisch. Letztlich kommt es bei allem auf die Intensität und die Ausdauer an. Diese flexible Pausendefinition ist für mich ganz wunderbar, weil ich als geborener Zappelphilipp nicht sehr motiviert bin, faul zu sein. Aber nachdem mir alle Ärzte gesagt haben, jeden Tag Sport zu treiben, ist schädlich, betreibe ich zwischen dem Training aktive Regeneration. Es gibt auch Tage, da habe ich nach der Arbeit nur „Massage“ im Kalender stehen, aber da muss ich schließlich auch hin radeln und mein Regenerationsobst muss ich auch selbst vom Markt schleppen. Für mich ist das auch viel weniger anstrengend, als mit dem Auto zu fahren (das ich nicht habe), weil mir beim Auto fahren häufig schlecht wird und ich mich bei der Parkplatzsuche so aufrege. Es ist eben alles sehr individuell im Sport. Jedenfalls komme ich auf diese Weise wöchentlich locker auf 50 bis 100 Radkilometer, ohne eine einzige Trainingseinheit unternommen zu haben.

Im Büro haben wir wegen einer Gesundheitsaktion auch noch Schrittzähler bekommen. Damit sollten wir unsere tägliche Bewegung messen. Das Problem war bei mir nur, dass ich locker das halbe Gebäude durchqueren konnte, ohne dass der Schrittzähler das einmal als Bewegung registriert hätte. Ich schließe daraus, dass ich beim Gehen so wenig wackele, dass man es quasi als Mittagsschlaf anrechnen kann.

Eine spezielle Untergruppe der Ultras sind übrigens die Kilometerfresser aus dem Alpenverein. Mit den Freaks aus der Sektion Bochum breche ich alljährlich zu Ostern zur sogenannten Konditionswanderung auf. Die Strecke liegt irgendwo zwischen 40 und 50 km, das hängt von der Landschaft und den Lokalen ab. Wanderer werden von Riegeln nicht satt, sie wollen am Schluss ein Schnitzel und am besten noch ein Stück Torte.

Interessant ist, dass die meisten Konditionswanderer, mit denen ich bisher gesprochen habe, keinesfalls das ganze Jahr über auf langen Strecken unterwegs sind. Manche sind vollkommen unerfahren und nur neugierig auf diese Erfahrung. Viele kennen es, den ganzen Tag am Schreibtisch zu sitzen, aber wie es ist, acht Stunden und mehr durch

Wald und Wiesen zu schreiten, das gehört nicht zum Alltagserleben. Gerade die Newcomer staunen darüber, dass die Füße zwar nach 20 km schmerzen, aber sich dieses Problem bis km 40 nicht zwingenderweise verschlimmert. Das ist die mentale Geburt des Ultras. Wenn sich ein Weg verdoppelt oder verdreifacht, ist er nicht unbedingt doppelt und dreimal so anstrengend. Vielmehr entwickelt der Körper eine gewisse Routine, Muskeln und Sehnen ordnen sich neu, um diese Herausforderung zu bewältigen.

Das soll allerdings kein Plädoyer für mangelndes Training sein. Sehnen, Muskeln und Bänder können auch reißen, abgesehen davon, dass es doch auch schade wäre, auf die wunderschönen Stunden des Trainings mit Freunden zu verzichten. Wer regelmäßig läuft oder wandert, gewöhnt seinen Körper daran und riskiert weniger Verletzungen. Aber ich glaube, es gibt unter den Langstrecklern viel mehr Leute, die sagen: Ich probiere das einfach mal, als unter Kurzstrecklern. Der Couchpotatoe, der aufsteht und sich zu einer 5-km-Runde entschließt, ist mir noch nicht begegnet. Wohl aber Ultras, die sagen: Ich bin noch nie 100 km gelaufen, aber ich will mal wissen, wie das ist. Dabei weiß man das hinterher natürlich auch nicht, denn es ist eben jedes Mal anders. Genau das ist der Reiz der Ultrastrecken.

Trotz aller Erfahrung bleibt das Ganze ein Überraschungspaket und damit spannend. Das hängt nicht nur von der Strecke, sondern auch von den Begleitern ab. Zum Beispiel ist mein Lebensgefährte ein besonderer Überraschungskünstler. Als er gerade sein neues Smartphone hatte, war er sofort erfolgreich damit beschäftigt, hübsche Klingeltöne einzusetzen. Da er ja nicht nur als Laufgott, sondern auch als Deichschaf bekannt ist, hatte er sich ein „Mäh mäh“ herunter geladen. Dabei hatte er allerdings nicht bedacht, dass der Sound an ganz verschiedene Funktionen gekoppelt war. Nun starteten wir zu einem längeren Trainingslauf und er hatte die Strecke auf seinem Smarty gespeichert. Das Telefon hatte aber seine ganz eigenen Vorstellungen, was wir zu tun hatten. Kaum wichen wir von der vorgegebenen Strecke ab, fing es laut an zu meckern: Mäh, mäh! Das war inmitten der Ruhrwiesen und ich rechnete jeden Moment damit, dass sich einer der zahlreichen Hunde auf uns stürzen würde. Aber die haben den Unterschied zwischen Schaf und Laufgott wohl doch gerochen. So konnten wir zum Glück auch diese Tour unbeschadet zu Ende bringen.

Übrigens, wenn ich mich mit einem Sportler zum Laufen verabrede, merke ich schnell, ob es ein Ultra oder ein Frank ist, selbst wenn die Streckenlängen gar nicht unterschiedlich sind.

Mit einem Ultra läuft eine Verabredung ungefähr nach folgendem Schema ab:

„Läufst Du morgen?“

„Ja, um 11 Uhr“

„Ok, ich komme mit.“

Zur besagten Uhrzeit steht der Ultra dann mit Rucksack lächelnd vor der Tür, erst unterwegs wird entschieden, wo es eigentlich hingeht und wie lange. Wenn es am Schluss nur eine 10-km-Runde wird, war der Rucksack zwar eigentlich überflüssig, aber das war eben Gepäcktragetraining. Da kann es auch sein, dass trotz Smartphone noch ein Telefonbuch im Rucksack ist, einfach weil das dem Training dienlich ist. Im Übrigen muss es aber bei den Ultras, die ich kenne, vor allem lustig und sozial zugehen. Gruppenläufe sind beliebt und auch wenn die langsamsten liegen gelassen werden, bleiben sie in der Regel nicht allein. Die Ultras haben so viele ultrafamiliäre Verbindungen, dass eigentlich immer irgendwo jemand ist, der Hilfe leisten kann. Partner von Ultras sind entweder auch solche Langstreckenverrückte oder sie sind ultraliebe Betreuer, die den oder die Wahnsinnige um die halbe Welt begleiten, um sie auf ihren Fußmärschen wieder aufzupäppeln. So wie zum Beispiel der Sigi, der sein Conny-Laufwunder stets mit Wohnmobil und Liebe begleitet und dabei immer auch Herz und Auge für die anderen Mitläufer hat. Ein Lächeln, ein paar nette Worte, kostenlose Erinnerungsfotos – etwas fällt ihm immer ein, um die Laufverrückten zu erfreuen. Wenn ich ihn sehe, nehme ich immer eine Umarmung mit und das Gefühl, dass alles seine Ordnung hat. Conny rennt, Sigi passt auf, alles ist gut. Das Ultraleben ist lang und leicht.

Wer nicht solche verständnisvollen Partner hat, macht sich mitunter nachts oder frühmorgens zum Laufen auf, um anschließend Partner und Familie für weitere Aktivitäten zur Verfügung zu stehen.

So sind wir zum Beispiel auch frühmorgens zu der Runde um Hattingen aufgebrochen (siehe das Kapitel „Der Bambinilauf – die Vorbereitung“), 62 km und jede Menge Höhenmeter. Für solche Strecken bereiten sich manche Menschen lange vor und verbringen schlaflose Nächte über der Bekleidungs- und Verpflegungsfrage. Bei uns startete das dagegen kurzfristig über eine Verabredung via Facebook.

„Ich habe Lust, rund um Hattingen zu laufen.“

„Schöne Idee, ich komme mit."

„Starten wir 5 Uhr in Dahlhausen. Kommt noch jemand mit?"

Kurz darauf waren wir zu sechst, einer erklärte sich bereit, auf halber Strecke eine Kiste mit Proviant zu deponieren, um den Rest musste sich jeder selbst kümmern. Also Rucksack auf und los. Es sind auch alle wohl behalten über die gesamte Strecke gekommen.

Ganz anders ist das alles bei den Franks. Das sind grundsätzlich Menschen mit einem besonders engen Zeitplan. Der Sport wird stets nach dem Prinzip geplant, wie sich mit möglichst wenig Einsatz viel erreichen lässt. Statt eines Kumpels ist der Trainingsplan der regelmäßige Begleiter und die Partner halten den Sport oft für eine spleenige Marotte ihres Liebsten, die sie ungefähr so interessiert wie die Entwicklung der Eisbärenpopulation in Kanada.

Wenn ich mit einem Frank laufen will, ist das also nicht so einfach. Am liebsten ist ihnen ein fester Ort und Zeitpunkt für einen Lauftreff, den sie dann aber nicht wahrnehmen. Schließlich sind alle Franks wichtige Leute in einem wichtigen Beruf und müssen auf wichtige Termine schnell reagieren. Da ich mit meinen 50 bis 120 Laufkilometern pro Woche viel mehr Kilometer sammle, als der Standard-Frank, kann ich im Grunde jedem seinen individuellen Lauftreff anbieten. Dazu kommt, dass Verabredungen zwar unterdessen ganz leicht über Facebook koordiniert werden können, aber im Gegensatz zu den Ultras sind die Franks den modernen Medien gegenüber nicht in gleicher Weise aufgeschlossen (siehe das Kapitel „Die Marmeladenpost"). Es gibt Franks, die telefonieren, andere schreiben Mails und die Dritten nutzen Facebook. Kaum habe ich also dem einen seinen persönlichen Lauftreff per Mail bestätigt, zeigt sich der nächste frustriert, wenn ich auf seinen Anruf nicht mehr flexibel reagiere. Wenn ich dann beim nächsten Mal versuche, die Herren aufeinander abzustimmen und allen über alle Kanäle einen Vorschlag schicke, ist es wahrscheinlich, dass ich der einzige Teilnehmer des abendlichen Lauftreffs bin. Das kann daran liegen, dass ein Frank vor 16 Uhr seinen Tag noch nicht überblickt und eine spontane Verabredung um 17 Uhr als zu kurzfristig erlebt. Wenn diejenigen, die gerne spontan planen, dann auch noch ihr Handy was weiß ich wo liegen gelassen haben, könnte ich es wohl nur noch mit Rauchzeichen oder Trommelsignalen versuchen.

Aber vielleicht entstehen die Verabredungsprobleme auch dadurch, dass die Franks im Grunde zwar verträgliche Menschen sind, aber zugleich Eremiten. Wenn ihnen ein Vorschlag nicht gefällt, machen sie keinen neuen, schließlich wollen sie niemanden vor den Kopf stoßen. Lieber entscheiden sie sich, alleine zu laufen. Schließlich ist genau das der Vorteil vom Laufsport, dass man außer ein paar Schuhen eigentlich nichts braucht.

So kann es passieren, dass wir alle alleine loslaufen und uns unterwegs doch wieder treffen. So groß ist Bochum schließlich nicht, vor allem, wenn man sich auf die Waldbereiche spezialisiert. Im Übrigen sind einige Franks zugleich Hundebesitzer und müssen sich auch noch mit ihren Vierbeinern abstimmen. Ich gehe da allerdings unterdessen bereits als Zweithund durch. Genau wie die Vierbeiner will ich in jedem Fall raus und finde es sogar auf den gleichen Wegen immer wieder neu spannend. Im Übrigen bin ich aber flexibler als die Haustiere, was Uhrzeit und

Streckenlänge angeht und ich muss nicht an jedem Baum schnuppern und ein Bein heben. Je nach Wunsch erscheine ich morgens oder abends um acht, mit oder ohne Stirnlampe, im Regen und bei Sonnenschein.

Als mein Training für den Bambinilauf begann, hat mein Liebster ohnehin vorgeschlagen: „Ich glaube es ist besser, du läufst mit deinen Franks nacheinander, als mit allen gleichzeitig.“ Das hatte er sich weise überlegt, zumal ihm im Winter die Vorstellung lieber war, dass ich mit männlichem Geleitschutz unterwegs war. Und der Mann an meiner Seite muss nicht unbedingt er sein, wenn es regnet oder schneit.

Aber trotz aller Flexibilität stoße ich an meine Grenzen, wenn alle Franks dienstags Zeit haben, aber jeder etwas anderes wünscht. Für den einen darf das Tempo nicht so hoch sein, für den anderen nicht zu langsam, der dritte will eine kurze Strecke, der vierte viele Kilometer. Das sind so diese Momente, wo ich deutlich merke, dass ich eine Ultra-Frankine bin. Dann klinke ich mich aus den ganzen Diskussionen aus, schnalle den Rucksack auf und laufe los, ob mit oder ohne Frank. Alleine laufen ist auch ein wunderbares Erlebnis.

Insgesamt fühle ich mich aber manchmal durchaus als so eine Art laufende Kurheilanstalt für Franks und Co. Erstens kuriere ich jeden von dem Gedanken, beim Laufen wäre es ruhig, und zweitens lösche ich die verbreitete Idee, es gäbe irgendein Tempo, bei dem man nicht mehr begleitet werden kann. Die Ängste liegen da übrigens weniger im 4-Minuten-Bereich (den ich dann auch nicht lange mithalten könnte), als bei der Schamgrenze Richtung langsameres Tempo. Wer 6 Minuten oder mehr pro Kilometer braucht, hält sich für ein Schnecke und möchte das nicht öffentlich machen. Dann schneckwuseln alle einsam im selben Kriechtempo durch den Wald, bis ich komme und sage: „Du hör mal, der andere Frank läuft auch nicht schneller …" Und dann laufen wir alle gemiensam durch die Wiesen und plaudern dabei.

Wenn die Herren sich gerade müder fühlen als ich, dann wählen sie bevorzugt solche Themen, wo ich irgendwie eine Lachnummer bin. Zum Beispiel ist das Thema „VIGLi im Schwimmbad" sehr beliebt. Früher hätte es immer ausgesehen, als ob ich das Wasser suche, hat ein Frank mal gesagt. Mittlerweile habe ich es gefunden, aber ich weiß nicht, wie man darin vorwärts kommt. Und dann gibt es ja noch diese Rutschen. Ein Hort der Freude für viele, was ich gar nicht verstehen kann, denn abwärts stürzen ist nicht meine Spezialität. Schon gar nicht, seitdem ich einmal in einer Wasserrutsche stecken geblieben bin. Da saß ich noch in der Rutschenkurve und dachte mir, ist ja mühsam, da hörte ich hinter mir schon den nächsten Badegast und bin dann halb laufend irgendwie vor ihm nach unten geflüchtet. So eine Story findet viele Fans und macht schneller die Runde als irgendeine Wettkampfzeit. VIGLi als Rutschenverstopfer. Und weil sich das so leicht keiner vorstellen kann, sind sie jetzt darauf gekommen, dass ich eine Geckohaut habe. Die Wände hoch gehe ich aber eher selten.

Ein Thema, das übrigens für Ultras und Franks gleichermaßen spannend ist und die beiden Gruppen doch deutlich unterscheidet, ist das Wetter. Während die Franks gerne mal auf den perfekten Moment warten und ihre Trainingszeit der Sonnenprognose anpassen, nehmen die Ultras einfach eine Jacke mit. Schließlich sind sie im Allgemeinen länger unterwegs, als der Wetterbericht gültig ist.

Das Wetter taugt bekanntlich auch auf vielen Partys für den Small talk. Aber während die Partygäste eher über Rheuma und den schlechten Sommer lamentieren, kann man mit Franks und Ultras gleichermaßen tiefgehende Gespräche über Unterwäsche mit Kälteschutz und wasserdichte Schuhe führen. Für die Franks ist es in der Regel so, dass sie vor allem beim Radeln schönes Wetter bevorzugen. Für die Laufeinheiten gilt der Regen dagegen als eingebaute Erfrischung. Da kann es schon sein, dass ein Frank sagt: „Ok, wenn es morgen regnet, laufe ich mit dir. Wenn die Sonne scheint, radele ich lieber mit einem Frank." Auf solche Verabredungen reagiere ich allerdings etwas beleidigt, da suche ich mir lieber jemanden, der mich auch im Sonnenschein begleitet.

Das wiederum offenbart wohl mein Ultraherz, das eben doch das soziale Ereignis als Kern des Sports sieht. Ultras laufen auch einfach mal 10 km mehr, nur weil sie gerade gut im Gespräch sind. So wie eben manches Familientreffen ein Stündchen und ein Stück Kuchen länger dauert, weil es gerade so nett ist.

Übrigens ist die Ultrafamilie auch beim Lesen als Ultra zu erkennen. Während die Frank-Magazine mit glitzerndem Bildmaterial beeindrucken und zwischen jedem Artikel die zahlungsfähige Leserschaft auf das beste Getränk und die neueste Pulsuhr aufmerksam machen, beißt sich die Ultragemeinde wacker durch graue Bleiwüsten. Mental sind die Ultras einfach gut geschult und ich erinnere alle Artikel als bunte Erlebnisberichte, selbst wenn es nur schwarz-weiße Druckbuchstaben waren. Das ist so ähnlich wie die wissenschaftlichen Publikationen, die meinen Arbeitstag begleiten. Da ist eine Grafik mit zwei gestreiften Balken schon der Höhepunkt bildnerischer Gestaltung.

Im Grunde entbehren Fotos doch ohnehin jeder Aussagekraft, je digitaler das Zeitalter wird. Die Kamera von meinem Freund hat sogar eine Lächelautomatik. So können noch vor der Bearbeitungsstufe unpassende Schnappschüsse vermieden werden. Allerdings haben wir ausgetestet, dass auch Grimassen mit schreckgeweiteten Augen als Lächeln einsortiert werden, sofern der Mund dabei geöffnet ist. So gesehen sind alle meine Trainingspartner Dauerlächler, das hat die Kamera schon ganz richtig umgesetzt. Zackige Sprints, lange Kanten, ehrenamtliche Arbeit an der Strecke oder im Berichtswesen – die Schwerpunkte liegen da ganz verschieden. Aber begeistert sind sie alle. Und ob der Mund nun wegen Sauerstoffmangels geöffnet ist, wegen der Gespräche, der Nahrungsaufnahme oder der Freudenschreie, das sind doch wirklich Nebensächlichkeiten.

Jedenfalls lesen Ultras gerne Läuferberichte und deswegen haben Webseiten, Blogs und Facebook Hochkonjunktur. Sie ermöglichen auf den Trails und Ultras zumindest mental unterwegs zu sein, solange es gerade nicht real möglich ist. Auf diese Weise lässt es sich auch gut auf Strecken vorbereiten oder sie direkt ins Land des Unerreichbaren verbannen. Und beim nächsten ultrafamiliären Treffen gibt es dann genug Stoff zum Planen, Träumen und Erzählen.

Der Wettkampftunnel

Triathleten gelten als Outdoorfreaks. Radeln, wenn es sonnig ist, laufen wenn es regnet. Im Schwimmbecken ist das Wetter egal. Nass wird der Schwimmer sowieso und das Frieren lässt sich nach meiner Erfahrung auch im Sommer nicht vermeiden.

Die Franks sehen das allerdings ein bisschen anders, die trifft man mitunter noch Ende Mai im Hallenbad. Sie drehwurmkraulen dort noch in der 25-m-Wanne, obwohl unser Vereinsbad längst mit seiner wohl temperierten 50-m-Bahn und Latte Macchiato am Kiosk lockt. Man muss sich so einen Frank ein bisschen wie ein hoch gezüchtetes Rennpferd vorstellen, das ist kein Islandpony, das bei jedem Wetter munter durch die Wiesen trabt. Viren und Zugluft sind seine natürlichen Feinde, vor denen er sich möglichst versteckt.

Die Leute aus der Ultrafamilie passen da schon eher in die Kategorie Pony. Es gibt zwar diese Ansagen wie „Das Leben ist kein Ponyhof“ und „Das Rennen ist kein Kindergeburtstag“, aber man kann sich vorstellen, wieso Ultraläufer so etwas sagen: Weil sie im Grunde wie Kinder und Ponys draußen herum toben und den Ernst des Wettkampfs erst spüren, wenn sie bei sintflutartigem Regen im Dunkeln ohne Proviant dastehen und noch 50 km bis zum nächsten Verpflegungspunkt haben.

Franks sind da anders. Das Wichtigste am sportlichen Spaß ist für sie der Wettkampfgedanke und dafür brauchen sie weder lange Strecken noch Regen, sondern nur eine Uhr und am besten einen Gegner.

Dass ich in dieser Hinsicht nicht nur Ultra, sondern auch eine Frankine bin, habe ich an unserem „Tag der offenen Tür“ deutlich bemerkt. Unser Vereinsbad lud ein und wir Triathleten durften zeigen, dass es uns gibt. Es gab ein Zeltdach, ein Video und uns, die wir in Vereinskleidung um das Zelt herum stolzierten. „Tri-team“ waren wir alle in weiß auf hellblau oder dunkelblau beschriftet. Sogar die, die noch gar keinen Triathlon absolviert hatten. Aber Planung ist ohnehin der halbe Wettkampf. Wider Erwarten kamen nun jede Menge Leute. Dazu muss man sagen, dass wir bis dato eigentlich nur als Randerscheinung des Schwimmvereins galten und der Offene-Tür-Tag deutlich mehr zu bieten hatte als uns. Aber die Gäste umlagerten unseren Stand und stellten Fragen, als hätten sie jahrelang auf diesen Moment gewartet. Also haben sich die Franks überlegt, dass sie noch etwas Besonderes anbieten wollten. Deshalb hieß es gegen Mittag plötzlich, wir sollten einen Wettkampf vorführen. Das sagt sich leicht, aber so eine Schwimm-Radel-und-Laufstrecke zwischen den Kuchen essenden Gästen zu installieren, ist durchaus eine Herausforderung. Aber Franks lieben so etwas. Als erstes bestimmten wir einen Pressewirksamen „Master of Ceremony“, der unser Tun am Mikrofon kommentieren sollte. Die Strecke legten wir fest, indem ein Frank einen Vorschlag machte und die anderen zustimmten. So ganz viel Auswahl gab es in dem Bade-Areal schließlich nicht. Es galt 100 m zu schwimmen, dann auf einem aufgebockten Demo-Rad ein bisschen auf der Stelle zu treten und anschließend einmal über die Wiese zu laufen. Die Teilnehmer für die Show zu rekrutieren, war das schwierigste an der Sache, schließlich gab es keinen Pokal und keine Liga-Punkte zu gewinnen. Statt der üblichen Fans standen außerdem lauter Noch-nicht oder Niemals-nie-Triathleten am Rand, die unsere Vorführung gerne als clowneske Darbietung in ihrem Sonntagsprogamm annahmen. Sich unter diesen Bedingungen zur Schau zu stellen, bedarf schon eines gewissen Selbstbewusstseins. Für die Frauenquote sollte ich starten, die anderen zwei Damen hatten erfolgreich behauptet, sie hätten keine Badesachen. Als Kanonenfutter bin ich ja immer gut geeignet, also gliederte ich mich widerspruchslos in das ToT-Team (Tag der offenen Tür-Team) ein. Mein rosarotes Rad war nicht dabei, weil es als Vorführmodell nicht akzeptiert war und so musste ich in der nächsten halben Stunde lernen auf einer Carbon-Zeitfahrmaschine zu balancieren und in Schuhgröße 44 zu schlüpfen. Zum Glück war das Rad auf einer Rolle aufgebockt, ansonsten hätte ich deutlich mehr Bedenken gehabt. Kaum waren wir startklar, da gab der Master of ceremony schon per Mikrofon bekannt, dass wir uns jetzt einschwimmen würden und ich stellte fest, dass mein Bikini vom letzten Jahr unterdessen an Spannkraft verloren hatte, so dass ich eine Schrecksekunde lang dachte, den Slip zu verlieren. Dann hieß es auch schon „3,2,1, los“ und wir vier ToT-Modelle nahmen die ersten wässrigen 50 m in Angriff. Noch ehe ich die andere Seite des Beckens erreicht hatte, waren meine Kollegen bereits auf dem Rückweg. Das vertraute Gefühl, allein im Wasser zu sein, breitete sich aus. Sogar auf dieser Miniaturstrecke ließ sich das wiederholen, was in den großen Wettkämpfen zu meinem Alltag gehört. Wie immer kam ich als Letzte aus dem Wasser, nur konnten die anderen mit ihren aufgebockten Rädern diesmal zum Glück nicht wegfahren, sondern pedalierten schon munter die erste Show-Runde. Kaum hatte ich mich mit Helm und Sonnenbrille bestückt und balancierte auf der Zeitfahrmaschine, blies der Master of Ceremony zum Laufstart. Nix wie runter von der Technik, die Turnschuhe übergestreift und losgespurtet, durch das Duschbecken und quer über die Wiese. „Endlich laufen" schoss es mir durch den Kopf, auch hier das gleiche Gefühl wie in jedem Triathlon-Wettkampf und ungetrübt von der Tatsache, dass ich am Vortag 70 km gelaufen bzw. gewandert war. Ein Kind schoss mir seinen Ball zwischen die Füße und die Maulwurfshügel erforderten genauso viel Konzentration wie die Badegäste auf ihren Handtüchern. Mich hatte aber längst die bekannte Wettkampfaggression gepackt und im Grunde können die desinteressierten Badetuch-Besitzer froh sein, dass ich sie nicht samt ihres Frottees zusammengefaltet und in die Hecke torpediert habe. Mit geballter Energie gelang es mir noch, einen der drei Franks auf der Rennstrecke abzuschütteln, so dass ich einen Hauch vor ihm wieder beim Master of Ceremony ankam. Kann sein, das Publikum hat applaudiert, erinnern kann ich mich nur, dass meine drei Franks mir ihre Hand hingehalten haben und ich mit dem sicheren Gefühl eingeschlagen habe, dass wir alle vier Sieger sind. Erst später auf den Fotos habe ich erkannt, dass viele Menschen und etliche Vereinskollegen direkt an der Strecke gestanden haben. Wahrscheinlich haben sie uns sogar wohlwollend zugejubelt, aber davon habe ich nichts mitbekommen. Es war ganz wie im richtigen Wettkampf, da merke ich auch eher wenig vom Randgeschehen. Stattdessen tauche ich in einen Tunnel ein, in dem es weder rechts noch links gibt, nur vorwärts. Mein Freund hat schon verblüfft erfahren, wie aggressiv seine vergnügte VIGLi auf der Wettkampfstrecke plötzlich sein kann. Wer sich da mit schlurfendem Schritt oder schnaufendem Atem zu nah an mich heran wagt, kann sich glücklich schätzen, wenn ich ihn nur mental ermorde. Wer im Tunnel steckt, hat bekanntlich keine Ausweichmöglichkeiten, der Vorwärtsbewegung darf sich folglich nichts entgegenstellen. Auch ich bin also keineswegs permanent mit dem „Hauptsache-es-ist-lustig“-Gefühl unterwegs, selbst wenn mir die wahre Ernsthaftigkeit vom Sport zwischenzeitlich verloren geht. Das hat aber weniger mit dem Sport, als mit meiner allgemeinen Lebenseinstellung zu tun.

Mit meinen Franks habe ich schon oft darüber diskutiert, dass jeder dieses wilde Tier in sich kennt, das sofort die Zähne fletscht, wenn ein vermeintlicher Konkurrent in Sicht- oder Hörweite ist. Manchmal packt mich diese animalische Grundstimmung auch schon beim Training, wenn einer der Franks mich provoziert. Deswegen trage ich beim Training auch gerneHandschuhe, damit ich keine Fingerabdrücke hinterlasse, falls ich einen Frank in den nächsten Graben werfe. Aber meistens genügt ein kurzer Sprint, um sich wieder zu vertragen. Besonders verblüffend ist es, dass im Wettkampf direkt nach der Ziellinie alle Feinde wieder Freunde sind und sich kameradschaftlich die Hände schütteln. Psychologen sprechen von kanalisierter Wut. Aber ich vermute, dass noch ein paar mehr Spielregeln dazu gehören. Ansonsten wäre es die ideale Alternative zur Kriegsführung und statt Googlebergs hätten wir dann zumindest Sportskanonen als Minister.

Obwohl ich also zu der friedfertigen Ultrafamilie gehöre, die sich schwerpunktmäßig zu dem Slogan „Ich will gesund ankommen“ bekennt, habe ich noch ganz andere Seiten in mir. Um Spaß an einem Wettkampf zu haben, muss man sich meines Erachtens auch etwas für das „schneller/weiter/höher“ begeistern können. Die Landschaft angucken und Gespräche führen kann ich schließlich auch ohne Startnummer.

Es ist allerdings schon so, dass ich mit nummerierten Leuten leichter in Kontakt komme. Da bedarf es einfach keiner komplizierten Flirt- und Begrüßungsmanöver. Die Frage nach einer Sicherheitsnadel oder einem Schnürsenkel genügt als Einstieg zu einer spannenden Diskussion. Gleichzeitig verbleibt eine angenehme Anonymität zwischen den Sportlern. Bevor jemand seinen Namen sagt, verrät er eher seine Schuhmarke – das ist mir auf einer Party noch nie passiert.

Wer allerdings meinen Freund fragt, wird wohl zu hören bekommen, dass es ganz schön anstrengend ist, eine Läuferin kennen zu lernen. Mit mir hat er erst ein langes Trainingsprogramm durchgezogen, ehe ich verstanden habe, dass er sich gemütlichere Augenblicke zu zweit vorstellen könnte, als 30-km-Läufe. Aber ein Tunnel ist ein Tunnel und kein Grab, folglich hat er immer ein Ende. Irgendwann ist deshalb auch mir aufgefallen, dass mein Freund ein toller Typ ist, der nicht nur als Pacemaker beim Wettkampf für mich geeignet ist.

Lebenslauf im Wiesental

Alle zehn Jahre feiere ich meinen Geburtstag ein bisschen größer. Die kleinen Geburtstage begehe (!) ich gerne mit einer Wanderung, einem Spaziergang oder einem anderen Outdoor-Vergnügen. Da ist es nun naheliegend, dass ich an einem runden Geburtstag etwas länger draußen unterwegs bin. Zum 40sten war ich 40 km gelaufen und das war sehr nett. Also wollte ich zum 50sten 50 km laufen und dachte, das ist bestimmt noch netter. Ich fand das logisch, aber damit war ich wohl ziemlich allein. Erst kürzlich sagte mir ein Kollege, wenn er so etwas machen würde, wären Geburtstagsfeier und Todestag definitiv an einem Tag. Das können sich dann die trauernden Nachkommen zwar leichter merken, aber es ist doch nicht so schön.

Natürlich gab es auch andere Meinungen, vor allem seitens der Ultrafamilie. Im Gegensatz zu anderen Verwandtschaften landet niemand dort per Geburt, sondern immer erst, wenn ein gewisser mentaler Zustand erreicht ist.

Manche nennen das „irre“, obwohl ich finde, das klingt ein bisschen abwertend. In diesen Kreisen gelten 50 km jedenfalls als Baby-Distanz, da geht schließlich auch ein 100er schon mal als Bambini durch (siehe das Kapitel „Der Bambinilauf“). Insofern hielt ich meinen Plan für machbar und stellte mir vor, dass ich jede Menge laufbegeisterte Begleiter hätte. Als ich dann aber feststellte, dass die meisten eher das abendliche Buffet interessant fanden, dachte ich, naja, laufe ich halt meine Kilometer auf einer Runde und die anderen gehen spazieren und essen Kuchen und genießen den Park. Das Wiesental in Bochum ist wirklich ein schöner Platz, an dem sich ein Sommertag gut verbringen lässt, ob nun spazierend oder laufend. Da dort auch unser Vereinsschwimmbad liegt, war für mich relativ schnell klar, dass das die ideale Party-Location für mich ist.

Es hat sich aus mir nicht erklärlichen Gründen aber auch niemand postwendend zum Spazierengehen angemeldet. Als ich meinen Freund schlussendlich nicht nur zum Getränketransporter und Beamerprojektor, sondern auch zum DJ ernannte, meinte er nur: „Ist schon in Ordnung, Hauptsache ich muss nicht laufen.“ Da kamen mir zum ersten Mal Zweifel.

Vielleicht hat es nicht für jeden den gleichen Reiz, draußen unterwegs zu sein? Vielleicht auch noch bei Regen? Ich hatte mich aber längst zwanghaft optimistisch in meine Idee verbissen. Über das Lokal, die Strecke und die Startzeit ließ sich diskutieren, aber auf meinen Lauf verzichten wollte ich nicht. Für jedes Lebensjahr ein Kilometer, das sollte maximal sechs Stunden dauern und bedeutete somit jedes Lebensjahr auf sieben Minuten zu komprimieren. Im Vergleich zu dem halben Jahrhundert, das ich gebraucht hatte, um dieses biblische Alter tatsächlich zu erreichen, erschien mir das wirklich kurzweilig. Ich kaufte also Kekse, Wasser, Cola und Bananen und erzählte mein Vorhaben allen, die ich kannte.

„Naja, das ist dann wohl nur etwas für Sportler“, meinte meine Freundin resigniert und einer der Franks erklärte: „An dem Tag habe ich einen wichtigen Wettkampf.“ Daraufhin knurrte ich meine Freundin an und riss dem Frank den Kopf ab (fast). Danach wussten sie, dass es mir ernst ist und sie dabei wichtig waren.

Nachdem ich ein Jahr lang von nichts anderem geredet hatte und mental schon so mit der 50 identifiziert war, dass ich meine 49 Jahre ab Januar unterschlug, war es endlich soweit. Am 31. Mai hatte ich Geburtstag, es regnete in Strömen und für den darauf folgenden Samstag war die Prognose gut. Freunde aus München, Frankfurt und der Schweiz machten sich auf den Weg und gemeinsam trafen wir uns schon mal zu fünft am Vorabend des Ereignisses zur Lagebesprechung.

„Ich habe Kekse und Gummibärchen“, erklärte ich. „Aber die müssen natürlich auch irgendwie angeboten werden. Wenn da ein Läufer kommt, kann der nicht erst in unseren Kisten wühlen.“

„Ok“, sagte meine amerikanische Freundin. „Dann stecke ich dem Läufer das Gummibärchen direkt in den Mund.“

„Und ich mache den Banana hupfa“, erklärte ein Freund aus Frankfurt, der immerhin schon gelegentlich bei einem Marathon geholfen hatte und offensichtlich meine Bücher kannte.

Da ich in einem Umfeld lebe, das mich nun schon zum dritten Sportbuch inspiriert, hielt ich es für sicher, dass sich genügend Läufer finden würden, auch wenn die erste Euphorie nicht so groß war. Allerdings hatte ich auch den Gedanken nicht aufgegeben, mit dem gewählten 2-km -Parcours rund um Schwimmbad und Gaststätte, auch die weniger sportlichen Gäste begeistern zu können. Aber die ersten Zusagen kamen wieder von den Ultras, die sind eben für jeden Scherz zu haben und es gibt wenig, was sie abschreckt. Während sich ein Frank daran stört, immer im Kreis zu laufen und ein Normalo am Laufen überhaupt, sind Ultras immer der Ansicht, dass es lustig wird, sobald ein paar von ihnen zusammenkommen. Und soweit ich das beurteilen kann, stimmt das auch.

Nach den wackeren Ultra-Zusagen meldeten sich eigentlich nur noch Interessenten für die abendliche Party. Aber davon ließ ich mich nicht entmutigen, so den richtigen Überblick hatte ich angesichts meiner langen Einladungsliste sowieso nicht. Ich plane zwar für meinen 100sten eine große Rollatorparty, aber möglicherweise hat sich die Hälfte meiner Freunde bis dahin schon von diesem Planeten verabschiedet. Folglich beschloss ich es schon an meinem 50sten richtig krachen zu lassen, nicht zu sparen und jeden meiner bisherigen Wegbegleiter einzuladen. Letztlich waren es deutlich mehr Gäste als Lebensjahre, aber wirklich gezählt habe ich das nicht.

Der Wettergott spielte mit und bescherte zum Partytag herrlichen Sonnenschein. Es gab noch bis kurz zuvor dies und das zu organisieren, aber Punkt 11 Uhr stand ich schließlich wie geplant am Start. Meine Schwester und zwei Freunde bewachten den Verpflegungsstand und mein Partner war bereit für den Startkuss. Ansonsten war niemand da. Ich gebe zu, dass ich das etwas verwunderlich fand. Ein bisschen anders hatte ich mir den aufregenden Beginn meines Lebenslaufs doch vorgestellt. Aber ich war auch so nervös, dass ich es nicht wirklich schlimm fand. In jedem Fall wollte ich pünktlich starten, denn um die 50 km entspannt unter die Fußsohlen zu bringen, plante ich sechs Stunden ein und danach brauchte ich schließlich noch etwas Zeit zum Duschen, um dann mit meinen Abendgästen zu feiern. Ich lief also los, ließ mich in meinen eigenen Rhythmus fallen und genoss es, wie der Vorbereitungsstress allmählich von mir abfiel. Nach dem ersten Kilometer kam aus einem Seitenweg ein Läufer, grüßte kurz und lief dann neben mir. Ich war wohl noch so im Geburtstags-und-50-km-laufen-Gedanken, dass mir gar nicht so deutlich auffiel, dass es sich um einen Frank handelte, der plötzlich Zöpfe hatte wie ich. Als aber am nächsten Seitenweg die nächsten Franks auftauchten, die auch Zöpfe hatten und ebenfalls einen Talisman in ihrem Trinkgürtel stecken hatten, da dämmerte mir langsam, dass hier etwas ganz Besonderes passierte. Ich bekam eine ganze Truppe von Doubles geschenkt, die mir mein bezopftes Läuferleben spiegelte. Was für ein Vergnügen! Meine Franks mit blonden oder bunten Zöpfen, die sie sich in wochenlanger Vorarbeit aus diversen Wollen geflochten hatten. „Ja", erzählte einer der Franks, „abends saß ich auf der Couch und werkelte an der Perücke, als meine Frau herein kam und fragte, was ich da mache. Zöpfe flechten, sagte ich, die brauche ich für den nächsten Lauf. Und da hat sie gedacht, jetzt ist er ganz durchgeknallt."

Nun waren sie einer schöner als der andere, meine Franks und zudem in Begleitung ebenso bezaubernder Stofftiere, die alle mit mir die Runden drehten. Ich lachte und rannte und konnte kaum fassen, was sich da im Geheimen bei den Franks abgespielt hatte, während ich noch glaubte, keiner wolle mit mir auf einer 2-km-Runde laufen.

Vor Übermut wählte ich allerdings das Tempo etwas zu hoch. Außerdem war es der erste Tag nach längerer Regenzeit, der mit wolkenlosem Himmel glänzte. Den Start auf elf Uhr zu legen, war angesichts der Wetterentwicklung nicht so klug, denn schon nach einer Stunde brannte die Sonne unbarmherzig. Ich war so abgelenkt durch meine ungewöhnlichen Geburtstagsgäste, dass mir die Hitze erst gar nicht so auffiel. Aber meine Gäste und Freunde waren sorgsam um mich bemüht und bald stand ein Eimer Wasser an der Strecke und ich bekam einen Schwamm in die Hand, mit dem ich mir regelmäßig das kühle Nass über den Kopf goss. Tatsächlich war das auch dringend notwendig. Es war eigentlich Wetter, um auf der Wiese zu liegen und schon eher ein etwas verwegenes Vorhaben, 50 km zu laufen. Aber für eine Party war es das richtige Wetter. Schließlich waren nicht nur Läufer an der Strecke, sondern auch immer mehr Gäste, die sich rund um den Verpflegungsstand an Gummibärchen und Apfelschorle labten. Unter einem Regenschirm hätten sie sich bestimmt nicht so wohl gefühlt wie unter dem Sonnendach, auch wenn ich sicher bin, dass meine Freunde mir bei jedem Wetter eine tolle Feier geboten hätten. Denn so war das ja eigentlich. Ich hatte zwar die Einladungen geschrieben und den Verpflegungsstand bestückt, aber der ganze Rest lief im wahrsten Sinne des Wortes wie von Zauberhand. Ich erinnerte mich an meinen 30sten Geburtstag, als ich es fertig gebracht hatte, meine Münchner Kollegen nach Bochum zu beordern, ihnen dort meine Küche überließ, um das Essen vorzubereiten, während ich selbst noch zur Arbeit eilte. Auch das hatte funktioniert und vor allem hatte ich gelernt: Gast zu sein ist gar nicht so einfach. Üblicherweise kennen sich viele nicht und sind ein wenig schüchtern. Spiele gelten ab dem Teenageralter irgendwie als verpönt, aber Aufgaben nehmen alle gerne an. Und so wie sich bei meinem 30sten einige beim Zwiebel schälen tränenreich nahe kamen, entstand jetzt eine lockere Runde, die damit beschäftigt war, irgendwie für die Läufer zu sorgen, die auf der Strecke waren. Und das waren immer einige, nach der ersten Runde war ich nie mehr allein unterwegs. Wie im richtigen Leben waren zunächst die Sportskameraden an meiner Seite, später meine Arbeitskollegen und mit fortgeschrittener Tageszeit trudelten auch die weit gereisten ein. Ich hatte bestimmt schon 30 km in den Beinen, als mein Studienkollege und langjähriger Freund aus der Schweiz mit Frau und Kind eintraf. Eben noch war ich etwas ermattet in der Hitze gegangen und dann plötzlich konnte ich wieder spurten und ihm direkt in die Arme fliegen. Was für ein Tag! Aber es war nicht nur spaßig an diesem sonnigen Samstag. Ich hatte mich zwar über die Wintermonate mit dem Training gemüht und hielt 50 km innerhalb von 6 Stunden zu laufen für mich für keine überdurchschnittliche Herausforderung, aber wie gesagt, es war ungewohnt heiß, ich hatte unentwegt die Gelegenheit zu plaudern und zudem ließ ich mich immer wieder zu Spurts oder einem relativ hohen Tempo hinreißen. Das saß mir dann doch in den Knochen und ehe ich es selbst so richtig realisiert hatte, sah man mir die Erschöpfung wohl auch an. Da passierten der Reihe nach drei Dinge, die mich sehr an mein wirkliches Leben erinnern: Erst stand ein Frank am Streckenrand, der mich sonst immer ärgert und provoziert, ich solle schneller laufen und der meinte plötzlich ganz ernst und leise: „Mach keinen Scheiß.“ Klick, machte es da bei mir, keine Party der Welt ist es wert, einen Kreislaufkollaps zu riskieren. Ich erwog also, die Strecke zu verkürzen. 50 Jahre sind 50 Jahre, auch wenn ich nur 45 gelaufen wäre. Das halbe Jahrhundert nahmen mir ja ohnehin die wenigsten ab.

Dann war auf einmal mein Partner an meiner Seite, obwohl er doch als Diskjockey und Allroundorganisator an diesem Tag durchaus ausgelastet war. Erst hatte er vorgeschlagen, dass ich mal pausieren sollte, aber da hatte ich nur abgewinkt. „Also wenn ich mich jetzt hinsetze, kippe ich um." Das war mir da durchaus klar, dass mein Kreislauf gerade etwa labil war. Also beschloss mein Freund streng: „Dann wandern wir jetzt eine Runde!" Und damit ich in meinem Übermut nicht doch weiterlief, wanderte er gleich mit, obwohl das eigentlich nicht so seine Spezialität ist. Das Problem war mittlerweile, dass ich außer einem kleinen Frühstück nichts gegessen hatte, aber durch die Hitze so ausgetrocknet war, dass sich die Salzstangen in meinem Mund wie Beton anfühlten und ich sie lieber an die Vögel verfütterte. Obst gab es aber zu diesem Zeitpunkt nur Ananas und da wiederum hatte ich nicht so das Zutrauen, ob meine Magen das vertragen würde. Und da ereignete sich die dritte Besonderheit: Ich hörte mit einem Ohr, wie jemand sagte: „So und ich hole jetzt Bananen." Als ich das nächste Mal an dem Stand vorbei kam, gab es Cola und Bananen! Nach der Jause war ich wieder so frisch, dass mir der Gedanke ans Aufgeben wie ein entfernter Traum vorkam. Stattdessen lud ich alle ein, mit mir zu wandern und tatsächlich setzten sich noch ein paar Sonnenanbeter in Bewegung. Lustig plaudernd nahm ich schließlich die letzte Runde unter die Füße. 50 km und genau 6 Stunden. Es hatte geklappt. Ich umarmte meine Schwester und alle anderen, die gerade in der Nähe standen. Keiner störte sich daran, dass ich schweißnass und salzverkrustet war und ich quietschte vor Vergnügen, wie das bei mir so üblich ist.

Dann ging es sofort weiter im Programm. Ich musste schnell nach Hause radeln, während sich mein Partner mit ein paar Freunden der Aufräumarbeiten annahm. Unterwegs kam mir noch eine Freundin aus München entgegen: „Ach, ich wollte dich doch so gerne noch laufen sehen!"

„Zu spät, aber nachher tanzen wir zusammen!"

Zu Hause hatte ich eine kleine ruhige Phase der Besinnung, genoss den Duschstrahl und dehnte die strapazierten Glieder. Dann traf mein Freund ein und wir warfen uns beide in Schale. Ich konnte sogar mal einen langen Rock tragen, weil ich nicht mit dem Fahrrad, sondern mit dem Bananenspringer-Chauffeur zum Festgelände fahren konnte. Um 19 Uhr waren wir wieder vor Ort, es war immer noch unglaublich heiß und der Gaststättenbesitzer erklärte mir uncharmant, dass der Garten nicht für uns reserviert sei. Einen Moment lang fühlte ich mich erschlagen angesichts der vielen Menschen, der großen Hitze und meines nun doch hungrigen Magens. Aber dann war es so ein warmes Gefühl, das mich schon den ganzen Tag getragen hatte: Das sind meine Freunde. Selbst wenn ich hier ohnmächtig werde, bin ich da gut aufgehoben. Ich blieb aber doch lieber bei Bewusstsein, nahm erstaunt meine Geschenke entgegen, ließ mich mit einem Ständchen überraschen, kostete vom Buffet und war vor allem überwältigt, wie gut sich hier alle verstanden. Da plauderten Menschen aus Bochum, München, Basel und Wattenscheid miteinander, als wäre das alltäglich. Die Sportler beäugten vorsichtig die Musiker und zwischen dem jüngsten und dem ältesten Gast lagen weit mehr Jahre, als ich alt war.

Nun kann ich also sagen, dass ich mein Leben gelaufen bin, obwohl es hoffentlich noch lange nicht gelaufen ist. Ich habe auf dieser Wiesentalrunde viel Freude gehabt, aber ich habe auch gelitten und gezweifelt. Ganz so wie im richtigen Leben. Erst war ich allein und dann umringt und gestützt von Freunden. Später, als ich die Fotos zur Veranstaltung sortiert habe, konnte ich meine Sieben-Minuten-Lebensjahre noch einmal Revue passieren lassen und ich dachte: Hey, das ist mein Leben!

Das Aussehen

Falls jemand auf die Idee kommt, Sport zu treiben, um sein Äußeres zu beeinflussen, wäre ich vorsichtig. Vielleicht ist es besser, das Geld in einen Friseurbesuch, statt in Laufschuhe zu investieren. Mir jedenfalls sieht es kaum jemand an, dass ich etwa zehn Stunden pro Woche sportlich unterwegs bin. Ich habe natürlich keinen Vergleich wie ich aussehen würde, wenn ich die ganze Zeit im Bett läge. Das gab es noch nie. Aber ich habe das aus den Rückmeldungen meiner Umwelt gelernt.

Zum Beispiel gestern in Essen am Hauptbahnhof. Ich bin dorthin gefahren, um einen Frank von der Arbeit abzuholen und mit ihm die ca. 20 km nach Bochum zu laufen. Weil ich dem Frank zutraue, absolut pünktlich zu sein und der Bahn nicht, bin ich einen Zug eher gefahren als unbedingt notwendig. In solchen Momenten gibt die DB aber ihr Bestes und ich war punktgenau 20 Minuten vor der vereinbarten Zeit am Treffpunkt. Also spazierte ich durch die Bahnhofshallen und sah mich um. Ein Eimer mit Bällen erregte meine Neugier, sofort sprach mich ein Typ in Jeans und T-Shirt an und drückte mir zwei kleine Lederbälle in die Hand. „Wenn wir uns bewegen, entstehen neue Verbindungen im Gehirn", erklärte er mir und ich überlegte, wie viele Nerven mir meine heutige Frank-Tour einbringen würde.

„Werfen sie mal die Bälle gleichzeitig parallel nach oben, überkreuzen sie ihre Arme und fangen sie die Bälle wieder auf", wies mich der Gehirnakrobat an.

Ich bin kein Spielverderber und folgte seinen Anweisungen, auch wenn mir klar war, dass ich seine Wünsche nicht wirklich erfüllen konnte. Bälle sind nicht mein Spezialgebiet. Ich warf sie in verschiedene Ecken des Bahnhofs, überkreuzte die Arme und fing natürlich nichts wieder auf. Der Typ ließ sich aber nicht entmutigen, wir suchten die Wurfgeschosse wieder zusammen und ich wiederholte die Übung. Zehn Mal oder so. Er behauptete, ich würde besser werden, obwohl das mit dem Fangen nur klappte, wenn ich das Überkreuzen weg ließ und das Überkreuzen nur, wenn ich die Bälle ignorierte. Dazu erzählte er ständig, wie die Bewegung sich auf das Gehirn auswirkt. Aber er fragte nicht, wieso ich an einem Montagnachmittag mit Laufhose und Trinkgürtel am Essener Hauptbahnhof stand. Ich vermute, er hielt das für eine Modeerscheinung. Dass ich mich bereits jemals sportlich betätigt hätte, hielt er meines Erachtens für genauso wenig möglich wie meine Ballettlehrerin, als sie meine ersten Versuche zum Spagat beobachtete. Da dachte sie vermutlich, ich wäre so ein eingerostetes Wesen, das die Beine nur streckt, wenn es sich vom Schreibtischstuhl erhebt. Wie es sich anfühlt, nach 30 oder

40 Laufkilometern die Muskeln zu dehnen, hat sie glaube ich noch nicht probiert.

Oder dann der Schuhkauf, das ist so ein Thema für sich. Unterdessen zum Glück nicht mehr, da habe ich den Dealer meines Vertrauens in der Metropole Wattenscheid gefunden. Rolli von „Wat läuft" kennt nicht nur meine Schuhgröße, er weiß auch, dass alles bei mir riss- und matschfest und am besten bunt sein muss. Aber vorher war das immer wieder niederschmetternd. Da kam ich in ein Sportgeschäft und sagte: „Ich möchte Laufschuhe." Freundlich lächelnd hoffte ich auf kompetente Beratung. Stattdessen musterte mich der Einzelhandelskaufmann abschätzend und fragte: „Wie viel laufen sie denn so?", während er schon auf das Regal für Spaziergänger zuschlenderte. Offensichtlich lässt nichts an meinem Äußeren darauf schließen, dass ich andere Bewegungen mache, als Telefonhörer stemmen oder Papier stapeln.

Etwas mehr Verständnis hat höchstens Gemüse-Willi, der mit Käse-Volker (siehe Kapitel „Die Marmeladenpost") donnerstags auf dem Markt residiert. Wenn ich dort simultan mit einem Frank einkaufe, kann es durchaus vorkommen, dass er unsere Tüten verwechselt. Dann landet meine Petersilie plötzlich zwischen Franks Basilikum oder seine Birnen zwischen meinen Äpfeln. Gemüse-Willi denkt sich wahrscheinlich, egal welches Grünzeug, wir Sportler kommen mit jedem Treibstoff klar. „Ihr seht euch doch heute Abend sowieso beim Training", schmunzelte er zu seiner persönlichen Tauschaktion. Aber auch er erkennt in mir möglicherweise nur die Sportlerin, weil er regelmäßig beobachtet, wie ich um athletische Franks herumspringe, die locker fünf Tüten auf einmal an ihre Muskelarme hängen können und trotzdem noch aufrecht stehen. Ich gehöre dagegen zu den seltenen Kunden, die Kartoffeln einzeln kaufen, um den Rückweg nicht auf allen Vieren antreten zu müssen.

Aber klein und zierlich bin ich auch nicht unbedingt. Jedenfalls noch nicht. Die Entwicklung geht relativ gesehen in diese Richtung, nicht weil ich zusammenschrumpfe, sondern die Vergleichsmasse expandiert. Mit meinen 1,76 m Körpergröße zählte ich noch zu Schulzeiten eher zu den lang gewachsenen Mädchen. Aber unterdessen wächst ja die Generation heran, die mit 16 schon ohne Probleme Telefonzellen von oben ansehen könnten, wenn es noch welche gäbe. Während ich früher T-Shirts in Größe M bevorzugt habe, liege ich unterdessen mit S meistens näher an meinen Körperformen. Dabei habe ich in den letzten 20 Jahren nicht wesentlich ab- oder zugenommen, die Ansichten darüber, wie ein kleines Weibchen auszusehen hat, haben sich aber offensichtlich geändert. Jedenfalls in Läuferkreisen. Auf dem Laufsteg war die Bohnenstange lange Zeit das Ideal, wahrscheinlich, weil die Herren Modeschöpfer nicht auch noch Formen in ihre neuesten Kreationen schneidern mussten. Seitdem jeder Frau unterhalb von 60 Kilo unterstellt wird, sie sei magersüchtig, weil sich kein Mann mehr findet, der auf die schmalen Silhouetten mit erregt geöffnetem Geldbeutel reagiert, seitdem kann ich die M-T-Shirts als Nachthemd oder Minikleid tragen.

Mein Freund wirkt mit seinen 1,93 m dagegen durchaus lang gewachsen. Das hindert ihn aber nicht daran zu versichern: „Ich bin der kleinste bei uns in der Familie." Auf diese Weise hat er mir sogar schon einen Teddy organisiert. Schwarz und glänzend saß er verlockend am Rande des Zöpfchenlaufs (der Teddy, nicht mein Freund). Mein

Sammlerherz schlug sofort höher, denn einen Schwarzbären gab es in meinem tierischen Haushalt noch nicht. Aber die Organisatoren meinten: Das ist für die Kleinen.

Mein Partner sagte daraufhin: „Ja, das ist ok, ich bin der Kleinste bei uns in der Familie." Während die Organisatoren zu den stattlichen 1,93 meines „kleinen" Begleiters nach oben sahen, mussten sie ziemlich lachen und der Teddy war meiner. In zwanzig Jahren funktioniert dieser Charmeur-Trick möglicherweise nicht mehr, aber dann kriege ich den Teddy vielleicht sowieso, weil ich die kleinste Teilnehmerin bin.

Der Lauf mit dem Teddy-Bären war übrigens der sogenannte Zöpfchen-Lauf. Das ist eine Veranstaltung in Solingen, die mit dem Laufevent Geld einspielt, um die Lampen für eine Laufstrecke zu organisieren. Jeder läuft dort im Namen des Lichts und das am besten bezopft. Die Gründerin des Laufs hat mit ihren blonden Zöpfen da Maßstäbe gesetzt. Ich passe natürlich prima auf diese Strecke, denn zum Training verwandle ich mich immer in Pippi Langstrumpf. Nicht rothaarig, aber bezopft und möglichst stark. Ein Pferd kann ich zwar nicht stemmen, aber mental versuche ich die Pferdestärken unter die Füße zu bekommen. Mein Partner ist übrigens zum Zöpfchenlauf auch mit passender Frisur erschienen. Von meinem Geburtstagslauf (siehe Kapitel „Lebenslauf") waren noch genug Frank-Zöpfe zu haben, die er sich für diesen Zweck geliehen hat. Mit dem Bild kamen wir natürlich auch gleich in die Zeitung, denn der Spaß steht bei diesem Event ganz im Vordergrund und den sieht man uns sofort an. Auch wer keine Leuchte ist, kann also ganz entscheidend zu den Beleuchtungsaktionen der Solinger Trasse beitragen.

In der Zeitung bin ich übrigens öfter mal abgebildet, aber wer mich auf den Gruppenfotos erkennt, wo ich irgendwo zwischen den Franks klemme, muss die Zeitung schon mit der Lupe lesen. Eher wahrscheinlich ist es sowieso, dass jemand mich liest. Ich schreibe nicht nur Bücher wie diese, sondern auch Romane, Buchbesprechungen oder anderes Zeug, das irgendwo zwischen Fernsehzeitschrift und DUV-Magazin gedruckt wird. Komme ich also zu einem Lauf, heißt es eher selten: Schön, dich wieder zu sehen, sondern öfter: Ich habe deinen Artikel gelesen. Die Struktur üblicher Läufertreffen bringt allerdings selten jemanden in die Verlegenheit, mir auch seine kritische Meinung zu sagen, denn direkt nach „Ich habe XY gelesen“, folgen die üblichen Themen, die einen Läufer kurz vor dem Start mehr beschäftigen, als jeder Bericht oder Roman: Ich muss eben zur Toilette, ich brauche noch eine Sicherheitsnadel, ich muss meine Uhr stellen.

Aber zurück zum sportlichen Aussehen. Das wird nicht nur durch Muskeln und fehlendes Übergewicht erreicht, sondern vor allem durch die Wettkampf-Shirts, die jeder Veranstalter unter das Volk streut. Die Werbestrategie geht voll auf, Läufer sehen sich bei ihrer ersten Begegnung selten ins Gesicht, sondern auf den Aufdruck ihres Funktionswäschestücks. Damit ist schließlich der Gesprächsbeginn gesichert. Das kann ich vor allem für die Helmuts bestätigen. Es gibt nämlich einen Lauftreff in Bochum, da heißen die Herren nicht Frank, sondern Helmut. Ich war schon zehn Jahre lang sporadisch zu diesen Treffen erschienen, aber dann hatte ich die folgenschwere Entscheidung getroffen, mit einem Shirt vom Otterndorfer Küstenmarathon anzutreten. Das führte nicht nur dazu, dass mir Helmut 1 seine besondere Beziehung zur Küste erläuterte, sondern auch dazu, dass bald darauf eine Helmut-Mannschaft beim Küstenmarathon am Start stand. Unterdessen kann ich auch mit anderen Hemdchen zum gemeinsamen Laufen kommen und werde trotzdem immer als „Frau Otterndorf" begrüßt. Falls Neue anwesend sind, die noch nicht wissen, woher der Spitzname kommt oder – ganz schrecklich – die noch nicht wissen, wo Otterndorf liegt, haben wir gleich ein gutes Gesprächsthema. So ungefähr hat es auch mit Helmut 2 angefangen. Aber wir sind bald über das wo-ist-Otterndorf-Gespräch hinausgekommen. Ob Mittenwald oder Sauna, Halbmarathon oder kleiner Spurt um die Wette, unsere gemeinsamen Trainings sind stets sehr abwechslungsreich. Ich habe immer sehr viel Spaß, mit Helmut 2 zu plaudern. Wir sind zwar einfach eine Lauftreff-Schicksalsgemeinschaft, die sich durch das gleiche Tempo nicht voneinander lösen kann, aber ich finde, wir haben uns auch wirklich etwas zu sagen. Obwohl Helmut 2 mir übrigens schon ein paar Jahre an Lebensalter voraus hat, hängt er mich gewöhnlich bei der Bergwertung ab. Als ich ihn ein einziges Mal bei einem Halbmarathon überholt habe, war das nicht nur ein seltenes, sondern auch ein ziemlich erschöpfendes Ereignis für mich. Aber einmal war es so, dass ich mit den Helmuts unterwegs war und irgendjemand von der Gruppe vermisst wurde. Deshalb kam die Frage auf, den Vermissten zu suchen bzw. auf ihn zu warten. Es ist eine schwerwiegende Entscheidung für einen Läufer, sein Tempo zu ändern, deswegen brummte einer der Mitläufer zunächst: „Gehört der Typ überhaupt zum Verein?"

„Ha!", konterte ich erschrocken, „so ist das also hier: Wenn es einem unterwegs schlecht geht, wird erst gefragt, ob man zum Verein gehört?! Naja, dann könnt ihr mich ja gegebenenfalls beruhigt liegen lassen!"

Ich bin schließlich im Frank-Verein, selbst wenn ich auch mit Helmuts oder Laufgöttern unterwegs bin. Das muss klar sein.

„Naja", wurde ich daraufhin von einem Laufkumpel prompt getröstet. „Dich retten wir aus anderen Gründen." Und als müsste er diese Aussage noch erklären, fügte er nachdenklich hinzu „Der Helmut würde dich nicht liegen lassen." Da war ich sehr erleichtert und hielt gleich nach Helmut 2 Ausschau, denn meine persönlichen Retter lasse ich nicht gerne aus den Augen.

Womit wir wieder beim Thema Aussehen wären.

Das spielt beim Sport durchaus eine wichtige Rolle, denn wer wiedererkannt wird, muss nicht bei jedem Training dasselbe erzählen. Das ist gerade für Ultraläufer ganz wunderbar, denn ich kenne nichts Langweiligeres, als zum X-ten Mal zu erklären, dass Menschen jenseits der Marathonstrecke nicht zusammenbrechen, sondern zum Ultra werden. Das ist auch der Grund, warum ich im normalen Leben selten diese ich-war-hier-T-Shirts trage. Es ist einfach sehr nett, im Theater und beim Kaffee trinken über Computer oder Bücher zu diskutieren, ohne nach der letzten Marathonzeit gefragt zu werden. Insofern habe ich einfach Glück, dass der Sport mein Aussehen nicht nachhaltig verändert. Und wer gerne als Mister oder Miss „ich bin so sportlich" erkannt werden möchte, soll sich das einfach auf seinen Pullover oder sein Bein tätowieren. Das wird sicherlich mehr Gesprächspartner einbringen, als die zehn Stunden Sport wöchentlich.

Oben und unten ohne

Wenn sich Läufer kennen lernen, ist das anders als beim Kneipenbummel, obwohl der später auch nicht ausgeschlossen ist. Aber zunächst geht es damit los, dass leicht bekleidete Menschen dicht an dicht irgendwo im Wald stehen und nebeneinander in die Büsche pinkeln. Da kann es sein, dass wir uns Vaseline leihen, um gefährdete Körperstellen einzureiben, obwohl wir noch nicht mehr voneinander wissen als maximal die Startnummer. Wir duzen uns unabhängig von Rang und Beruf, hüpfen in wenig mehr als einem Bikini durch den Wald und gießen uns mitten in der Stadt Wasser über den Kopf.

Wenn ich mir das so überlege, ist es wirklich erstaunlich, dass wir noch nicht verboten wurden. Aber das ist eben die Sache mit dem Gewöhnungseffekt. Erst ist der Mensch nur gelaufen, um Bären zu jagen und Kartoffeln zu sammeln, unterdessen kann er sich das bei Drive-in alles schlaraffenmäßig abholen und läuft trotzdem weiter. Jedenfalls einige.

Frauen mussten ja ehedem Feuerstelle und Kind bewachen und damit sie später nicht auf andere Gedanken kommen, wurde ihnen das Laufen vielfach verboten. Erst seit 1984 ist die Marathonstrecke auch für das zweite Geschlecht olympisch – da war ich 23 Jahre alt und bereits einmal mit zerfledderten Turnschuhen 45 km um den Starnberger See gerannt. Nicht, um mich für Olympia zu qualifizieren, sondern weil ich mit einem Studienkollegen gewettet hatte.

Das ist nun alles viele Jahre her und Laufen gilt mittlerweile als Breitensport für Männlein und Weiblein jeder Länge und Breite. Trotzdem sind die Herren bei den Sportveranstaltungen eindeutig vorherrschend. Dabei sind in meinem Jahrgang die Frauen wahrscheinlich längst in der Überzahl, Männer sterben schließlich eher. Aber die Statistik sagt nichts darüber, wie es wirklich ist. Frauen, die einen Mann suchen, sollten einfach mal an einem Marathon teilnehmen. Danach verliert sich das Interesse wahrscheinlich. 8000 schwitzende und sabbernde Kerle sind nicht unbedingt ein erotischer Anblick. Aber apropos Erotik: das Thema Nacktheit steht beim Triathlon noch viel mehr zur Diskussion als beim Laufen. Schließlich müssen die Teilnehmer zusätzlich schwimmen und radeln. Normalerweise wechselt man dazwischen seine Bekleidung. Es ist mir aus verbürgter Quelle bekannt, dass manches Publikum sich vor allem für die Wechselzone interessiert, um die sportliche Nachbarin dann auch endlich mal ohne Hose zu sehen. Dem hat aber die DTU-Ordnung einen Riegel vorgeschoben. Erstens müssen auch die Herren beim Triathlon ordentlich, auch oben herum, bekleidet sein, so dass der behaarte Bär- und Bierbauch nicht im Tanga-Slip zum Kampf antreten darf. Zweitens gibt es bei größeren Wettkämpfen gut abgeschirmte Wechselbereiche oder gar Zelte, in denen die Triathleten ihre geschundenen Gliedmaßen tapen, einreiben und komprimieren können, ohne dass sie befürchten müssen, als Schnappschuss in die Zeitung zu kommen. Darüber hinaus hat die Bekleidungsindustrie reagiert und Zwei- und Einteiler erschaffen, die wasser- und landtauglich sind, so dass sich das Umziehen auf das Wechseln der Schuhe beschränkt.

Auch da gibt es übrigens Minimalvarianten. Nachdem es jahrelang hieß, jeder Läufer müsste sich und seinen Füßen hochwertige Unterstützung leisten, kam dann irgendjemand auf die fatale Idee, dass barfuß laufen das Beste ist. Das ist naheliegend, denn Füße sind ja in erster Näherung zur Fortbewegung an unseren Beinen und nicht, um hochhackige Schuhe spazieren zu tragen. Auch die Biografien der erfolgreichen Afrikaner sind vielsagend. Aber für die Industrie ist diese Erkenntnis ungünstig. Füße bekommt schließlich jeder gratis mit auf die Welt. Es gibt in der Ultraszene sogar einige, die weit mehr als Marathon gerne nacktfüßig zurücklegen. Damit sich so etwas nicht zum Industrievernichtenden Trend auswächst, gibt es verschiedene Modelle der sogenannten Barfußschuhe. „Minimalistisch" ist das Zauberwort. Ziel ist es, die Fußmuskeln zu trainieren, aber sich trotzdem nicht an jeder Glasscherbe den Fuß aufzuschlitzen. Natürlich habe ich mich auch da durch alle möglichen Modelle durchprobiert. Ich will meinen Füßen schließlich Abwechslung bieten. Es ist allerdings so, dass keines der Quasi-Barfußmodelle das Gefühl ersetzt, mit gespreizten Zehen durch weichen Schlamm zu watscheln, sich auf heißem Sommersand fast die Fußsohlen zu verbrennen oder sich vom feuchten Morgengras kitzeln zu lassen. Aber wenn ich 50 bis 100 km die Woche laufe, habe ich schon einige Meter zur Verfügung, um Verschiedenes zu testen. Seit neuestem sind in der Ultraszene allerdings Schuhe angesagt, die das Gegenteil von minimal sind. So eine Art Couch, auf die man die Füße bettet. Optisch erinnern die Modelle ein wenig an eine Mischung aus Plateausohle und Gesundheitsschuh. Sexy ist daran vor allem das Gefühl, ständig auf federndem Moorboden unterwegs zu sein.

Aber egal welche Tops, Shirts, Shorts, Schuhe oder Nicht-Schuhe wir uns um unsere mehr oder weniger gestählten Körper binden: Es ändert nicht wirklich etwas. Wenn ich gut in Form bin, komme ich mit den meisten Schuhen klar und das alte Baumwollshirt von Annotuc reicht für den sommerlichen Waldlauf auch. Wenn ich richtig geschwitzt habe, ziehe ich anschließend sowieso etwas Trockenes an und da ist es mir auch egal, ob eine Funktionsfaser schon nach 20 Minuten getrocknet wäre. In der Zeit wäre ich ohnehin schon erfroren. Aber wenn ich mit meinen Franks unterwegs bin, dann freue ich mich schon über unser Einheitsblau, ohne dass ich dafür tief ins Glas gucken muss. Und wenn ich jemandem mit Tortour-T-Shirt treffe (siehe das Kapitel „Der Bambinilauf"), dann würde ich ihn auch in Japan mitten auf der Straße ansprechen und wüsste, wir hätten uns etwas zu sagen. Kleidung hat eben viel mit Kommunikation zu tun und wenn wir alle so ähnlich aussehen, dann weiß ich zumindest: Ich bin nicht alleine verrückt.

Der Höhepunkt

Für Läufer und Triathleten hat jedes Jahr eine klare Struktur. Zunächst einmal gibt es die Saison. Das ist wie im Gastgewerbe die wichtigste Zeit und nach Möglichkeit mit gutem Wetter. Natürlich ist das in Deutschland nicht so, sondern es gibt abwechselnd Gewitter, Starkregen und Hitzeperioden. Aber im Durchschnitt ist es eben gut. In dieser Zeit jagt ein Wettkampf den nächsten, Bestzeiten werden pulverisiert und Eisenmänner sprießen aus dem Boden wie die Erdbeeren.

Die restliche Zeit des Jahres ist Saisonvorbereitung und Saisonnachbereitung. Wer ordentlich geplant hat, kann natürlich auch einen Saison-Höhepunkt vorweisen. Damit ist in der Regel die härteste Distanz gemeint, die der Sportler absolvieren will. Seine Fitnessberechnungen beziehen sich dann alle auf diesen Tag X. Ein Frank erklärte mir einmal, er hätte den Höhepunkt am liebsten möglichst früh, sonst wird er zu nervös. Ich vermute darin ein männliches Prinzip, denn ich habe den Höhepunkt gerne möglichst spät und falls er ausfällt, ist das auch nicht so schlimm, weil ich den Weg dahin so spannend fand. So war das früher zum Beispiel beim Klettern, als wir für den Watzmann trainierten und am Tag X schlechtes Wetter war. Das war im Grunde völlig egal, denn der Sommer war zu diesem Zeitpunkt praktisch gelaufen und im Gegensatz zum Tag X war er so phantastisch, dass ich mich jetzt noch 25 Jahre später daran erinnere.

Insofern ist meine Saisonplanung ein bisschen anders, als die der Herren. Natürlich habe ich auch ein Saisonziel. Das ist für die Lauftreff-Gespräche einfach unerlässlich. Jemand, der immer wieder im Training 30- bis 50- km-Strecken läuft, gilt selbst unter Sportlern als verrückt. Wer das zielgerichtet tut, bekommt dagegen freundliche Tipps. Es fällt mir aber schwer, meine Planung wirklich konsequent auf ein großes Ziel einzustellen. Dabei meine ich nicht den sogenannten Schweinehund, der angeblich vielen Sportlern in die Quere kommt. Mit Schweinen verstehe ich mich ziemlich gut und die Hunde sind bei meinen Franks an der Leine. Vielmehr ist es so, dass meine Franks alle unterschiedliche Saisonziele haben und deshalb nacheinander zu Höchstform auflaufen. Für mich ergibt sich damit ständig die Gelegenheit, in netter Gesellschaft draußen herum zu toben und das wiederum lasse ich mir ungern von einem strukturierten Trainingsplan verbieten.

Dabei ist es für mich mit den Franks genauso spannend, wenn sie auf ihr Saisonziel zusteuern wie hinterher, wenn der Höhepunkt vorbei ist. Da sind sie zufrieden und ein bisschen müde, eine Kombination, die keinesfalls unsympathisch ist. Schließlich will ich nicht ständig mit kilometerfressenden Wilden unterwegs sein, sondern manchmal auch einfach gemütlich zum Kaffee trinken radeln.

Jenseits der Saisonhöhepunkte gibt es auch Lebenshöhepunkte, die bei vielen Männern zwischen 40 und 60 anscheinend in der Vergangenheit liegen. Wenn ich so einen Typen neu kennen lerne, ist das für mich meistens ziemlich anstrengend. Die erzählen dann nicht, welchen Wettkampf sie planen oder wo sie Urlaub machen, sondern von ihren spektakulären Zeiten, die sie im jugendlichen Alter von 20 gerannt oder geradelt sind. Aktuell sind sie dagegen natürlich schlecht und gebrechlich, obwohl wir während dieser Gespräche locker plaudernd über den Asphalt traben und sie auch nicht müde werden, die Ergebnisse von diesem oder jenem Wettkampf einzustreuen, als könnten sie unsere Gespräche damit würzen. Alle paar Minuten fällt dann allerdings der vernichtende Satz: „Das ist ja heute alles nix mehr!“ Völlig egal, ob sie in ihrer Altersklasse noch Pokale erringen oder jüngere Faulenzer hinter sich lassen und natürlich Größenklassen schneller sind als ich, sie sind die Schnecken per Definition. Wenn ich mich nach denselben Maßstäben messen würde, wäre ich die Superschnecke. Aber ich weiß ja zum Glück von unserer Frank-Tabelle, dass für mich noch ein Umrechnungsfaktor gilt. Mir sind solche Typen jedenfalls suspekt. Ich habe mit 18 Toiletten geputzt und Kinder gewickelt, das würde ich aber heute auch nicht mehr als Highlight in meinen Bewerbungsschreiben aufführen. Wer als Teenie denselben Zielen nachjagt wie mit 40, hat meines Erachtens ein paar Entwicklungsschritte verpasst. Andererseits gebe ich zu, dass es mit fortschreitender Erfahrung schwieriger wird, neue Ziele zu finden und sich dafür zu begeistern. Der erste Berg, der erste Marathon, der erste Ultra, das ist schon etwas Besonderes. Selbst begeisterungsfähige Menschen werden sich vor, während und nach dem 20sten oder 100sten Lauf anders fühlen, als die aufgeregten Novizen. Aber genau das wiederum finde ich auch interessant. Was kommt nach dem ersten Herzklopfen, wo liegt die nächste Faszination? Ich bin auf diese Weise vom Marathon- zum Ultraläufer und schließlich zum Triathleten geworden. Unterdessen kenne ich viele Gebiete und viele Grenzen. Ich möchte meinen Ski-Erfahrungen keine weiteren hinzufügen und ich habe weder Interesse Bunjee jumping zu probieren noch die Arktis zu durchqueren. Achttausender zu zählen gehört genauso wenig zu meinen Träumen wie der Ironman auf Hawaii. Wenn mich etwas fasziniert, muss es bunt sein und meistens hat es etwas mit Menschen zu tun. Genauso wie der Bambinilauf, der eigentlich damit anfing, dass der Steppenhahn sagte: „Ich bin heute am See, kommst du auch vorbei?“

Der 100-km-Lauf – die Vorbereitung

Angefangen hat es also wieder mit dem Steppenhahn, mit dem ich vormals in die Ultraszene hinein gestolpert bin (siehe „Läufer sind auch nur Menschen.", Agon Sportverlag 2010). So im Vorübergehen sagte er zu mir: „Am Samstagnachmittag bin ich am Kemnader See und betreue Läufer, würde mich freuen, wenn du auch kommst."

Nun finde ich es sehr schön, wenn sich der Steppenhahn freut und der See ist schließlich auch keine schlechte Adresse. Also habe ich meine Franks versetzt, bin statt geplanter 180 nur 100 km geradelt und war damit pünktlich am Nachmittag vor Ort. Die Sonne schien, hie und da fielen ein paar Läufer in die vorbereiteten Liegestühle ein und wir reichten ihnen Brötchen oder etwas zu trinken.

„Die laufen die ganze Ruhr entlang, 230 km!", erklärte mir Stephan so nebenher und wir hatten einen netten Nachmittag. Ich erfuhr, dass die Läufer statt der gesamten Strecke auch 160 km (100 Meilen) oder sogar nur 100 km laufen konnten, um bei dieser sogenannten „Tortour de Ruhr“ dabei zu sein. Die 100-km-Läufer waren die „Bambinis“. Klein sein ist eben relativ.

„Also wenn ich jemals 100 km laufe, dann hier“, stellte ich fest. „Das ist doch viel besser als Biel, direkt vor der Haustür und nicht so mitten in der Nacht.“

„Ja“, nickte der Steppenhahn. „Wenn überhaupt, dann hier.“

Zwei Jahre später fand die Tortour das nächste Mal statt und Stephan sagte: „Die haben die Strecke umgedreht, jetzt muss ich morgens um vier am See sein.“

Die Ruhr floss immer noch in die gleiche Richtung, aber jetzt wurde von der Quelle zur Mündung gelaufen, was mental auch irgendwie mehr Sinn macht. Die Läufer treiben quasi stromabwärts.

Es war klar, dass sich der Steppenhahn nun noch mehr über meine Gesellschaft freuen würde, denn ansonsten war er um diese Zeit am See ziemlich allein. Außerdem kannte ich diesmal schon ein paar Teilnehmer und dachte mir, da kann ich doch mal Hallo sagen. Also stand ich auf, ehe ich wach war und radelte in den dunklen Morgen.

Am See war es eisig kalt und wunderschön. Die Läufer waren einmal mehr ein Erlebnis. Einer schob einen Babyjogger mit Getränken, obwohl es eigentlich genug Verpflegung gab. „Ach naja, das ist halt lustig“, begründete er seine Tour. Ein anderer kam, legte sich auf eine der Bänke und als ich besorgt nach ihm sah, lächelte er mich an und sagte: „Es geht mir wunderbar!“ Er wollte nur mal ein paar Minuten schlafen. Wenn ein Frank so etwas bei einem Triathlon einfiele, würde man ihn mit Sanitätern von der Strecke tragen. Aber Ultras sind da anders, die machen das einfach so mal zwischendrin. Von einem anderen Läufer hörte ich, er habe sich irgendwo auf der Strecke in die Wiese gelegt. Das ist der Grund, warum die Tortourler alle einen Begleiter haben müssen, der noch ungefähr doppelt so wach ist wie sie und aufpasst, dass keiner erfriert oder sich auf eine Autostraße schlafen legt. Die Läufer denken schließlich über nichts mehr nach. Das ist das Schöne an so einer Tour, einfach nur zu laufen und alles andere ist ausnahmsweise für ein paar Stunden nicht so wichtig. Das ergibt den Erholungseffekt, selbst wenn die Füße dabei ein bisschen müde werden.

Als die letzte Läuferin 2010 an unserem Verpflegungsstand auflief, kämmte sie sich als erstes ihr Haar und ihr Betreuer suchte neue Musik für ihren MP3-Player aus. Da dachte ich mir, ok, wenn die auf 230 km keine anderen Sorgen haben, dann ist das wirklich eine prima Veranstaltung. Übrigens war die letzte an unserem Verpflegungspunkt keinesfalls die letzte im Ziel. Das war Susanne und die ist in der Ultraszene ganz vorne mit dabei und nicht nur weil ihr Nachname mit A anfängt wie sie immer bescheiden behauptet. Sie ist so eine richtig typische Ultrafrau, die Sorte, die gerne den ganzen Tag Spaß hat, draußen ist und nebenher läuft. Typisch ist dabei ein relativer Begriff, denn gemessen an der Allgemeinbevölkerung sind wir Ultras alle ein bisschen untypisch, aber deswegen gibt es ja die Ultrafamilie, in der alles normal ist, was die anderen verrückt nennen.

Und die Reihenfolge der Normal-Verrückten verschiebt sich während einer Ultra-Veranstaltung oft mehrfach. Der Erste am Start kann am Schluss der Letzte sein. Hier geht es mehr denn je darum, seine Kräfte einzuteilen und ein mentales Tief von einem körperlichen unterscheiden zu können.

Jedenfalls entwickelte sich das mit der Tortour für mich immer so weiter. Da war nirgends der Augenblick, in dem ich morgens aufwachte und sagte: „Yeah, 100 km zu laufen, das ist mein Traum!“ Aber ich lernte Jens kennen, den Vater der Tortour, der wirklich nett ist, und ich bekam Kontakt zu dem einen oder anderen Tortouristen, die alle auf ihre ganz eigene Weise prima sind. Wer sich für Menschen interessiert, ist unter Ultras in jedem Fall ganz gut aufgehoben. Während also beim Steppenhahn, das „wenn“ immer weiter in den Vordergrund rückte, war es für mich eher das „dann hier“. Wenn 100 km laufen, dann an der Ruhr. Meine Franks hatten mich ohnehin längst als Ackergaul abgestempelt und mental machte ich daraus ein Pferdchen, das die alten Treidelpfade an der Ruhr entlang wandert. Nun kann man bei der TortourdeRuhr nicht einfach mitmachen, von wegen Hoppla hier bin ich, da ist meine Anmeldegebühr und wo ist das T-Shirt. Jeder braucht eine Einladung und weil es kein Kindergeburtstag ist, zusätzlich ein ärztliches Attest und ein Team, das ihn betreut. Schließlich gibt es keinesfalls alle paar Kilometer Verpflegung und auch einige Möglichkeiten, sich zu verlaufen. Im Gegensatz zu den üblichen Laufveranstaltungen findet sich nicht alle paar Meter ein Pfeil auf dem Weg und ein Streckenposten in Sichtweite. Nur die Markierung des Ruhrtalradwegs weist einem die Richtung. Da die Ruhr aber unterdessen als Erholungsgebiet schon ziemlich bekannt ist, gibt es da alle möglichen Schilder und die Ruhr verschwindet zudem gelegentlich völlig aus dem Blick. Es ist also noch ein richtiges Abenteuer, wobei das Nette an der Sache ist, dass man jederzeit aus und in den Bus steigen kann, wenn einem die

Abenteuerlust gerade vergeht. So habe ich also irgendwann zu Jens gesagt, dass mir so eine Einladung gefallen würde, und er hat mich gefragt, wo ich überall schon zu Fuß war. Mit meiner Antwort war er offensichtlich zufrieden und es wurde ernst: Die Einladung lag in meiner Mailbox.

Als Erstes habe ich mir ein Team gesucht. Die 100 km sind als Bambinistrecke ausgeschrieben und weil Jens solche Distanzen auch gerne mal im Training läuft, sieht er es da nicht ganz so streng. Ein Betreuer und ein Handy, das wäre schon genug gewesen. Aber ich dachte mir gleich, nein, da gehe ich lieber auf Nummer sicher, nachher ist der eine dann gerade krank, ich verlaufe mich und komme am Schluss am falschen Ende von der Ruhr heraus. Also habe ich mir eine gemischte Gruppe gesucht, einen Frank, meinen Partner und einen Freund aus der Zeit, als es noch keine Franks gab. Schließlich ist es eine ziemliche Herausforderung für einen sportlichen Radfahrer, eine Läuferin zu begleiten, die für einen Kilometer sechs Minuten oder mehr braucht. Aber meine Crew stand, nun musste ich zusehen, dass meine Vorbereitung gut verlief.

Zum Beispiel habe ich mir zwei Stunden lang einen Frank-Vortrag zum Thema Trainingsgestaltung angehört. Im Detail falle ich da zwar irgendwie immer aus dem Raster, aber so ein paar Theorie-Elemente lassen sich auch für mich umsetzen. Zum Beispiel, dass jeder Lauf unter einem Motto stehen soll. So etwas gefällt mir. Das ist ein bisschen wie beim Bücher schreiben, da habe ich schließlich auch verschiedene Kapitel. Außerdem ist die Abwechslung total wichtig. In dem Frank-Vortrag hieß es, am besten sollte kein Training dem anderen gleichen. Das ist etwas, was den Ultras leicht verloren geht, weil jeder Lauf durch so viele verschiedene Landschaften führt, dass auch keine Langeweile aufkommt, wenn man mit immer dem gleichen Schlurfschritt vorwärts tuckert. Aber ich habe dafür schließlich bekanntermaßen den Supertrick: unterschiedliche Begleiter. Jeder Frank ist trotz diverser Gemeinsamkeiten vollkommen anders und hat auch einen anderen Plan. Laufe ich also mal mit dem einen und mal mit dem anderen Frank, mal mit meinem Freund und mal allein – schon haben sich die Trainingsstrecken, das Tempo und die Gespräche geändert.

Im Übrigen gab es die Empfehlung, das Jahr in vier Blöcke einzuteilen. Das ist so ein bisschen wie bei der Schokolade, die ist doch auch in Riegel unterteilt und wird am besten portioniert gegessen. Nur gelegentlich ist eine ganze Tafel auf einmal dran oder eben 100 km am Stück. Das ist aber ein Ziel, das man schon lange vorher im Auge haben muss, um sich nicht den Magen zu verrenken. Die Verdauung ist für Läufer sowieso ein spezielles Thema.

Ein Ziel ist im Grunde eine mysteriöse Angelegenheit. Im Falle der Tortour ist es orange: Das berühmte Rheinorange. Orange also, obwohl alle Läufer schwarze T-Shirts haben und einem entlang der Strecke durchaus auch schwarz vor Augen werden kann. Diejenigen, die sich an die komplette Distanz wagen und die Ruhr wirklich von der Quelle bis zur Mündung begleiten, müssen zusätzlich durch die mehr oder weniger schwarze Nacht. Für 230 km reicht das Tageslicht selbst bei den schnellen Freaks nicht aus. Wer dann tatsächlich die Ruhrmündung erreicht, wird anhand der apfelsinigen Skulptur gleich wieder daran erinnert, was er für ein kleiner Wurm ist. Der Stahlkoloss „Rheinorange“ wurde errichtet, kurz nachdem ich ins Ruhrgebiet gezogen bin und wiegt ungefähr so viel wie 1300 VIGLis. Außerdem ist er 14 Mal so hoch wie ich.

Hochklettern geht nicht und überhaupt ist dort die Welt zu Ende, es sei denn, man wechselt von der Ruhr zum Rhein und das ist selbst beim längsten Ultralauf Deutschlands nicht vorgesehen.

Aber ich glaube, die orangene Stahlskulptur hätte mich nie nennenswert interessiert, wenn sie nicht das Ziel der Tortour wäre. Und dabei geht es nicht um die 60 Sekunden, die ich dann erschöpft an dem Monument lehne, sondern um die Zeit davor, die entsprechend der Apfelsinenfarbe erst einmal ein saftiges Training verlangt. Tatsächlich habe ich also zu Gunsten der Lauferei mein Tanz- und Radtraining etwas reduziert, denn auch ein VIGLi-Tag hat leider nur 24 Stunden. Stattdessen stürzte ich mich in das Abenteuer langer Läufe und hoffte auf zahlreiche unterschiedliche Begleiter, zum Beispiel mit meinen Betreuern in spe. Der eine Frank sagte auch spontan: „Na klar, die Details zu deinem 100er können wir doch auf unseren zahlreichen langen Trainingsläufen besprechen.“ Dann fuhr er nach Florida und Mallorca und zwischendrin hatte er zu tun. So blieb schließlich ein gemeinsamer 20-km-Lauf übrig, auf dem wir über Florida und Mallorca und sehr wenig über die Tortour gesprochen haben.

Aber zum Glück habe ich noch mehr Franks zur Auswahl. Sie waren zwar nicht als Betreuer vorgesehen, aber besprechen konnte ich mich mit ihnen auch und vor allem das abwechslungsreiche Training gestalten.

Mit einem der Franks habe ich mir zum Beispiel den den 6-Minuten-15-pro-Kilometer-Tetlauf vorgenommen. Das bedeutet, dass wir unsere überschäumenden Kräfte von

Anfang an zähmen wollten, um zu testen, ob wir in dieser ruhigen Geschwindigkeit auch nach Stunden noch frisch sind. Der einzige Fehler an dem Test war, dass wir schon beim Start nicht wirklich frisch waren, denn da hatten wir schon einen Arbeitstag in den Knochen und der Frank zusätzlich einen Wettkampf vom Wochenende.

Aber wir machten das Beste daraus, trabten so vor uns hin und bald auch an der Ruhr entlang. Ich war mental schon am Bambini-Tag angekommen, da fing es neben mir an zu gurgeln und zu husten. Der Frank war in einen Zuckmückenschwarm geraten und hatte sie alle aufgegessen.

„Das ist ja fürchterlich!", nannte er seine Mahlzeit. Daraufhin habe ich ihm erklärt, dass ich über diese Tiere meine Doktorarbeit geschrieben habe und sogar die Röntgenstruktur ihres Blutfarbstoffs schon bekannt ist. Das fand der Frank so spannend, dass er die nächsten Mücken mit größerem Respekt gegessen hat. Aber eigentlich war er wohl doch froh, als wir das Wasser verlassen haben und den schattigen Wald erreichten. Ich habe mich dann natürlich gefragt, wie das zu Pfingsten wird, ob die Mückenschwärme dann von meinem Betreuer gegessen werden, damit ich verschont bleibe?

Aber zunächst kamen mir Zweifel, ob die Idee mit den drei Betreuern wirklich so gut war. Meine Vision, dass sie sich ablösen und ergänzen könnten, setzte voraus, dass sie miteinander sprechen würden. Aber es waren drei Männer.

Ich versuchte einen gemeinsamen Pizza-Termin zu organisieren, aber nach zehn E-Mails betrachtete ich mich als gescheitert und dachte, ich gehe das mal entspannt an, es wird schon irgendwie klappen. Vier Wochen vor der Tour schlug ich dann eine gemeinsame Radtour entlang der Strecke vor. Da hatten immerhin zwei der drei Betreuer Zeit und ich auch, das war schon ein guter Schnitt. Morgens am Bahnhof waren wir dann aber doch nur zu zweit, weil der eine Bambini-Betreuer verschlafen hatte. Der einzige, der also wach an meiner Seite war, war mein Partner, was auch daran liegen könnte, dass ich ihn geweckt habe. Mit diesem Minimum war ich allerdings schon ziemlich glücklich.

Trotzdem war der Anfang der Tour ein wenig kompliziert. Wir fuhren mit der Bahn nach Hagen und mussten nun vom Bahnhof zur Ruhr finden. Mein Freund managte das mit seinem GPS-Gerät ziemlich souverän, indem er einhändig radelte und mit der Zweithand die Navigation bediente. Ich bin hinsichtlich der Koordination weniger geschickt und hinzu kam, dass ich nicht zu Fuß unterwegs war, sondern ein Fahrrad an mir klebte. Ich vergaß also wie jedes Jahr zu Sommerbeginn, dass beim Rennrad zuerst die Füße ausgeklickt werden müssen, bevor ich stehen bleiben darf und fiel somit neben meinem Einhand-GPS-Radler einfach in den Graben und das Rad auf mich drauf. Aber weil das öfter passiert, habe ich schon Erfahrung im wieder Aufstehen und das Loch in meinem Knie platzt eigentlich auch immer an derselben Stelle auf. Wir sind in dieser Hinsicht ein eingespieltes Team.

Mein Freund hat nur den Kopf geschüttelt und gesagt, wieso ich an dem Walpurgis-Termin nicht lieber mit meinem Besen mitgekommen bin. Da ich allerdings nur einen kleinen Handbesen besitze, haben wir uns darauf geeinigt, dass ich mit einem Staubsauger vielleicht noch besser bedient gewesen wäre. Wahrscheinlich könnte ich dann sturzfrei die Kilometer einsaugen. Da mir aber spontan nicht der richtige Zauberspruch einfiel, nahm ich doch weiterhin mit dem Fahrrad Vorlieb.

Der Rest der Tour wurde trotz allem sehr schön und der verschlafene Betreuer stieß nach 50 km noch zu uns. Da hatte er gerade Würstchen gegessen und hat uns damit mental über unsere erste Nicht-Pause getröstet. Aus Solidarität ist er übrigens zum Schluss mit seinem Fahrrad ebenfalls umgestürzt und lochte sein Knie. So war ich nicht mehr alleine perforiert. Das ist ja letztlich der Sinn der Betreuung: Allein verrückt sein, macht krank. Gemeinsam verrückt sein, ist Freundschaft, Liebe und Abenteuer in einem. Genau das gefällt mir an den Ultras und speziell an der Tortour auch so besonders.

Eine andere Vorbereitung für die Tortour war ein Lauf rund um Hattingen. Das ist ein kleines Städtchen und ringsum liegen Hügel, so dass 62 km und 1500 Höhenmeter zusammenkommen, bis sich der Kreis wieder schließt. Manche Leute trainieren für solche Distanzen, in unserer Ultrafamilie sagte einfach Rolli, der in der Weltstadt Wattenscheid den besten Laufladen betreibt: Wer kommt Sonntag mit? Sechs Leute sagten zu und um 5 Uhr morgens war Treffpunkt an der Ruhr. Um die Zeit gibt es noch keinen Bus und ich hätte noch 10 km dorthin laufen müssen. Das hätte Rolli jetzt unbedenklich gefunden, aber er ist auch ein Kavalier und als ich meine 62 nicht bereitwillig auf 72 km aufrunden wollte, holte er mich selbstredend mit seinem Bus ab. Das hatte den entscheidenden Vorteil, dass wir dann noch im Warmen und Trockenen warten konnten, bis alle Teilnehmer eingetroffen waren, da die anderen schmerzfrei auch 20 km zu Fuß angetrabt kamen, war es mit der Zeitplanung etwas schwierig. Aber kurz nach 5

Uhr ging es schließlich in den dunkeln Morgen und in dem Moment, in dem mich das Laufen wärmte, fand ich alles nur noch wunderbar. Ich war mal wieder die einzige Frau, was bei sportlichen Veranstaltungen dieser Größenordnung nicht so ganz ungewöhnlich ist. Es ist mir bis heute unerklärlich, wo die anderen Frauen sind. Nur von Susanne, Betty und Conny weiß ich, dass sie gerade auf einer anderen Laufveranstaltung sind, der ganze Rest lebt irgendwie unterirdisch.

Jedenfalls wurde es eine schöne Tour, meine Bedenken, dass mir die Herren davonsprinten würden, bestätigten sich nicht. Irgendeiner musste immer gerade in die Büsche oder fotografieren, so dass es genug Pausen gab. Bergab rollten die Herren schneller, dafür konnte ich bergauf jeden Rückstand herauslaufen, zumal wir mit fortschreitendem Tag die Höhenmeter immer öfter wandernd in Angriff nahmen. Im Übrigen sind Ultras in der Regel Kavaliere, sie verbringen so viel Zeit laufend auf der Piste, dass es nicht Not tut, jemandem davonzulaufen, der gerade mal einen Schritt langsamer unterwegs ist.

Nach dieser Sonntagsrunde fühlte ich mich jedenfalls gut gewappnet für die Tortour. Wenn ich so eine profilierte Strecke problemlos bewältigte, war es allmählich Zeit für längere Distanzen.

Der 100-km-Lauf – die Tour

Das Beste an großen Zielen ist meiner Meinung nach die Vorbereitung. Ob das Ziel schließlich erreicht wird, ist dabei nicht wirklich entscheidend. Dabei sieht es natürlich wochenlang so aus, als wäre genau das absolut elementar. Wenn mein Partner anfängt, die Augen zu verdrehen, während ich meine Vision thematisiere, dann weiß ich, es ist wieder soweit: Ich habe alles andere untergeordnet, um mich auf DAS Ziel zu konzentrieren. Mir fällt das gar nicht so auf, ich fühle mich nur einfach wohl, weil das Leben eine klare Richtung hat, zumindest scheinbar. Die Tortour ist im Übrigen ein doppelter Richtungsgeber, weil die Ultras im Allgemeinen und die Tortourler im Besonderen eine Gemeinschaft voller Visionen sind, die seit Facebook nun auch ultravernetzt miteinander geteilt werden können. Zudem lehrt die Tortour, sich ganz und gar auf sein persönliches Ziel zu konzentrieren, aber sich zeitgleich nicht allzu wichtig zu nehmen. Ich hatte die Bambinistrecke, also die

100 km vor mir. Das ist kein Kindergeburtstag oder Spaziergang und ohne das passende Training auch kein Spaß. Aber am selben Wochenende starteten schließlich auch die 230-km-Läufer und die 100-Meilen-Bezwinger. Diese Erkenntnis beschwichtigte mich ganz schnell, wenn mir mein 100-km-Unterfangen plötzlich doch ein bisschen gewaltig vorkam. 100 km sind 100 km, aber im Vergleich zu 230 ist es nicht einmal die Hälfte. Die 230er liefen bereits im Training gerne mal einen Hunderter und insofern schrumpfte die Distanz Hagen – Duisburg mental für mich wieder zusammen.

Rückblickend ist es so, dass ich ein Jahr lang den Hunderter im Hinterkopf hatte, aber es zugleich für möglich hielt, dass der Tag X ausfallen könnte. So etwas stört in der Vorstellung nicht besonders, solange das Training einfach Spaß macht. Ich habe mir immer gedacht, wenn nachher ausnahmsweise zu Pfingsten Hochwasser ist oder mir vorher ein Stein auf den Kopf fällt, das weiß ich alles vorher nicht, so etwas kann passieren. Aber solange ich vermute, dass es den Tag X geben wird, will ich alles versuchen, um mich darauf vorzubereiten. Allein die Bereitschaft, auf einen Tag hin zu leben, ist etwas Besonderes und eine Eigenschaft, die fast alle Sportler eint.

Hart wurde es für mich erst, als ich merkte, dass ich mein Tanztraining reduzieren musste, um das Laufpensum unterzubringen. Da dachte ich dann schon manchmal, na hoffentlich lohnt sich das. Aber nur wer es versucht, kann die Antwort finden. Ein kleiner Forscher steckt wohl in jedem Sportler.

Die schlimmste Zeit ist für mich grundsätzlich die Taperingphase. Vorher ist das trainingsreiche Leben einfach genau meine Kragenweite. Ich lasse mich von Freunden, dem Wetter und Trainingsplänen inspirieren, so oder so kommen viele schöne Touren dabei heraus.

Aber abends früh ins Bett zu gehen, ohne vorher mehr als einen Spaziergang gemacht zu haben, finde ich nicht wirklich prickelnd. In diesen letzten Tagen vor der Tour stieg mein Wunsch dann doch noch ins Unermessliche, der Tag X würde gut verlaufen und mich für diese Mühen entschädigen. Wann schlage ich schon einem Frank aus, mit ihm zu laufen? Das ist wirklich mentale Arbeit: Kraftvoll zu Hause auf der Couch zu sitzen, während die Trainingspartner von schönen Unternehmungen schwärmen.

Unterdessen kann ich sagen: Es hat sich gelohnt. Alles.

Aber erst einmal kam mein Lebensgefährte tatsächlich zu Pfingsten nach Bochum gereist, obwohl er doch sonst gerne den Pfingsttanz im Norden feiert. Das hat er auch immer wieder gesagt, dass das ein wichtiger Termin für ihn und seine Kumpel sei. Bis zuletzt stand deshalb die Vision im Raum, dass ich die 50 km nach Hagen radele, denn es ist nicht so leicht, Menschen oder gar Buslinien zu finden, die einen morgens um 5 Uhr zu irgendeiner DLRG-Station bringen. Als weitere mentale Hürde lieferte mir ein Frank den passenden Song zur Vorbereitung. Aus dem Bambini machte er ein Bambi und flötete, er werde „who kills Bambi?“ an der Strecke spielen.

Ich musste mich also gegen Killer und Pfingsttänzer wehren und einfach daran glauben, dass alles gut wird. Unterstützt wurde ich darin von der Ultragemeinschaft. Es gab einen speziellen Tortour-Engel und eine Du-schaffst-das-Karte im Vorfeld und vor allem trösteten die vielen langen Läufe über manche Schwierigkeit hinweg und beflügelten mich zunehmend. Mit fortschreitendem Training sahen die Franks am Ende der Läufe immer müder aus als ich und ich dachte mir: Das ist ein gutes Zeichen.

Pfingsten kam, mein Partner zum Glück auch und wir verbrachten einen ziemlich entspannten Samstag, den ich alleine niemals so hingekriegt hätte. Ich packte zum hundertsten Mal die wenigen Dinge ein, aus und um, die ich zur Tour brauchte und dann endlich war es Sonntag.

Morgens um vier Uhr klingelte der Wecker und ich war sofort mehr als hellwach. Mein Freund brummte, dass er zukünftig hoffentlich wieder andere Dinge bei Facebook lesen würde, als das Thema Tortour und ich mümmelte meine Haferflocken enttäuscht über so viel Ignoranz gegenüber meiner Vorfreude.

„Es ist doch nur ein Lauf", meinte mein Lebensgefährte kopfschüttelnd. Auch das ist eine Perspektive. In meinem Kopf hatte sich aber bereits das Wörtchen „endlich" eingenistet und so dachte ich bis zur Abfahrt eigentlich nur noch „Yippiehh, endlich ist es soweit! Yippieh endlich!"

Wir fuhren über die leere Autobahn nach Hagen und das Navigerät brachte uns trotz anfänglicher Querelen sicher zum Ziel. Yippiieh, endlich!

Und dann war plötzlich alles nur noch wunderbar. Günther war da, Susanne und Tobias und überhaupt eine Menge Bekannte. Die Luft war zum Bersten mit Freude gefüllt, alle grinsten sich an, umarmten sich, tauschten irgendwelche nebensächlichen wichtigen Worte aus. Das ist so etwas ganz Typisches für derlei Ultraveranstaltungen, auch wenn die Tortour noch mal besonders speziell ist. Da treffen sich Leute für ein paar Minuten, fallen sich in die Arme und obwohl sie meist nur wenige Worte austauschen, liegt die Verbundenheit ganzer Lebensläufe in der Luft.

„Geht es dir gut?"

„Die Nacht war schwierig."

„Wir sollen dir Grüße von zwei Franks ausrichten, die gestern an der Strecke waren."

Mitten in dem Hallogegrüße zog mein Liebster plötzlich ein wunderschönes Schild mit der Aufschrift „Team VIGLi" heraus und ich schmolz dahin, als ich spürte, wie sehr er mich unterstützte, obwohl es doch in seinen Augen „nur ein Lauf" war. Das sind so die Momente, wo mir Flügel wachsen.

Wir starteten kurz darauf mit einer kleinen Ansprache von Jens.

5 - 4 - 3 - 2 - 1 zählten wir, dann ging es los. Unspektakulärer als bei Marathons ist das, jeder hat Zeit, jeder geht auf den nächsten Kilometern irgendwann in die Büsche, jeder plaudert, jeder weiß, es wird ein langer Tag und wir müssen uns die Energie gut einteilen. Apropos Energie. Ich esse und trinke auf solchen Veranstaltungen ziemlich wenig. Die Idee, jemand würde verhungern, nur weil er einen Tag lang viel läuft und wenig isst, scheint bei vielen Menschen tief verwurzelt zu sein, vor allem die Riegel-Industrie stützt diese Gedankenwelt natürlich. Aber auch Nicht-Sportler erkundigen sich meistens als Erstes, was ich auf so einer Tour alles essen würde, statt zu fragen, was ich während so eines Abenteuers alles erlebe.

Natürlich kommt es bezüglich Ernährung auch sehr auf das Tempo an, aber die meisten Nahrungsempfehlungen sind meines Erachtens für muskelbepackte Männer gedacht, die einen 100er tendenziell sprinten, und nicht für Frauen wie mich, die zäh sind und einen zart besaiteten Magen haben, der Gels für Schneckenschleim und Sportgetränke für Spinnengift hält. Ich laufe auf langen Touren im gemütlichen Fettverbrennungsmodus. Dafür bedarf es ein paar weniger Kohlehydrate und ausreichend Flüssigkeit. Da mir das Essen und Trinken unter Laufbedingungen ohnehin eher schwer fällt, bin ich froh über mein genügsames Auskommen, aber freue mich auch über die kleinen Dinge, auf die ich Appetit habe und die meinen Motor füllen. Reserven speichere ich lieber vor und nach dem Lauf, gemütlich im Café sitzend, ohne die Nahrung ständig durchzuschütteln.

An dem legendären Bambini-Sonntag stellte ich jedenfalls erfreut fest, dass mein Magen und ich sehr entspannt waren und ich bei km 10 Appetit hatte. „Rosinenbrötchen und ein Stück Apfel", bestellte ich bei meinem Herzbuben, der daraufhin ganz herzerfrischend antwortete: „Was, jetzt schon? Du sollst laufen, nicht futtern."

Ich musste also auch noch mein Durchsetzungsvermögen trainieren, um mein zweites Frühstück aus den Fahrradtaschen herauszubekommen. Die nächste Mahlzeit wartete beim Steppenhahn und war schon lange vorbestellt: Eine Umarmung und eine Banane. Ich lief also zunächst keine 100 km, sondern 25 bis zum ersten Verpflegungspunkt. Das ist sowieso die Ultra-Weisheit, die uns Jens mit auf die Strecke gab: Denke niemals an die ganze Tour. Wer 230, 160 oder 100 km laufen will, macht es sich nicht leichter, wenn er einen Kilometer nach dem anderen herunterzählt und die Strecke wie eine lange schwere Aufgabe betrachtet. Viel angenehmer ist es, sich kleine Etappen zu überlegen, Zwischenstopps, auf die man sich freut. Laufen ist dann einfach die schönste Nebensache der Welt. Dieser Plan ging bei mir am Tortour-Tag voll auf: Die Zeit war so kurzweilig, ich plauderte mit dem einen oder anderen Mitläufer, die Beine waren stark, der Tag jung und frisch, das Leben kann nicht schöner sein. Und dann die vertraute Strecke am Kemnader See, die ich schon oft hin-und hergewandert war, wenn ich beim Steppenhahn mitgeholfen und die Läufer begrüßt hatte. Diesmal flog ich über die Steine und als ich aus ungefähr 500 m Entfernung anfing zu brüllen: „Steeeepppphhan!“, da ließ er tatsächlich alles stehen und liegen, breitete die Arme aus und bremste meinen 25-km-Flug. Was ich im ersten Anfliegen noch nicht gesehen hatte: Mit Kreide stand groß auf die Steine geschrieben: Step wartet auf Vreneli. Das war mentales Doping vom feinsten.

Betty war zeitgleich mit mir beim Steppenhahn, allerdings hatte sie zu diesem Zeitpunkt schon 155 km in den Beinen. Sie ließ sich in einen der Stühle fallen, nahm eine Schachtel Chips und sagte auf irgendeine Frage: „Mir ist das gerade so etwas von Peng.“

Ein klassisch-schöner Ultra-Augenblick. Hunger, Durst, Wegstrecke, Müdigkeit, Freude stehen so sehr im Vordergrund, dass viele andere Dinge in den Hintergrund treten und eben peng werden. Chips oder Salzstangen, Musik oder Vogelsingen, frisches T-Shirt oder Schweißgeruch, alles peng-egal. Mensch läuft und solange er das tut, ist alles gut.

Für mich ging es nach kurzem Aufenthalt mit verschiedenen Begrüßungszeremonien und Betreuerwechsel schnell wieder auf die Piste. Noch war die Temperatur erträglich und ich konnte hoffen, einige Kilometer einzusammeln, ehe die vorhergesagte Hitze hereinbrach. Weiterhin lief ich leichtfüßig und war weniger auf den Weg, als die vielen Erlebnisse konzentriert. Ein Frank hatte sich schon ca. bei Kilometer Acht mit dem Rad angeschlossen, seine Liebste und eine weitere Freundin tauchten kurz danach ebenfalls an der Strecke auf und riefen mir Aufmunterungen zu. Ein anderer Frank düste erst auf dem Fahrrad, später zu Fuß an mir vorbei, rief im Vorüberfliegen über die Schulter: „Das sieht gut aus" und weg war er wieder. Das ist bei der Tortour nicht so wie bei einem Stadtmarathon, wo die Menschenmengen vom Straßenrand applaudieren. Es ist einfach ganz normales Pfingsten. Otto Normalverbraucher schiebt sich mit Kind, Hund, Tante und Opa in den Biergarten, die Franks trainieren und VIGLi läuft. Da sind dann so kleine Zurufe von Eingeweihten schon eine Menge wert.

Nächstes Zwischenziel war die Dahlhauser Schwimmbrücke, dort hatte Rolli vom besten Laufladen aus der Weltstadt Wattenscheid einen Grillstand aufgebaut. „Bananen gibt es schließlich überall", hatte er argumentiert und bei der Tortour gilt ohnehin für jeden Teilnehmer: Die Verpflegungsposten sind Freiwillige, ein kleiner Luxus, aber überlebensfähig muss jeder bereits ohne diese Stationen sein. Auch in dieser Hinsicht ist die Tortour eben nicht mit einer üblichen Laufveranstaltung vergleichbar. Hier geht es um Teamarbeit und Spontaneität. Während ich bei anderen Sportveranstaltungen schon gehört habe wie sich Teilnehmer beschweren, dass es keine Mittelstücke(!) von Bananen oder nicht das richtige Getränk gibt, ist bei der Tortour jeder überwältigt von dem seltenen, aber durchwegs liebevollen Verpflegungsangebot. Da gibt es keine zwangsverpflichteten Ehrenamtlichen, sondern nur leidenschaftliche Leute, ob Betreuer oder Sportler. Rollis Bratgut hat jedenfalls auch viele erfreut, nicht nur die Begleiter und Streckenposten. Ich staune immer wieder, wie tolerant so mancher Magen ist und gerade bei den Ultras findet sich da Erstaunliches: Tomatenmark pur, saure Gurken, Schmalzbrote, Schokolade... Ultralaufen ist so ein bisschen wie schwanger sein, es provoziert alle möglichen und unmöglichen Gelüste. Am Rolli-Stand mit seinen Grilldüften traf ich wieder so viele Bekannte, dass mein Betreuer fragte, ob ich jetzt bald alle Fans durch hätte. Es war eben doch kein ganz normaler Sonntag. Eine Kollegin stand wie versprochen mit frisch geschnittenem Apfel bereit, meine Lieblingsspeise und einer der kurzen Momente, die für ein ganzes Leben reichen. Bald darauf klinkte sich der dritte Betreuer ein, begleitet von zwei weiteren Freunden, die mir nun den Weg bahnten.

Es war einfach göttlich, ich lief an der schönen Ruhr entlang, meine Freunde waren in der Nähe und wenn ich etwas zu trinken wollte, brauchte ich nur den Arm zu heben, schon gab es Brühe, Wasser, Apfelschorle oder Tee zur Auswahl. Betreutes Laufen ist einfach sensationell.

Der Weg war mir jenseits der Dahlhausener Schwimmbrücke nicht mehr so vertraut und Ruhrtalradweg hin oder her, es waren einige Abzweigungen zu beachten. Aber solange die Ruhr links oder rechts des Weges plätscherte, war es nicht kompliziert und meine Begleiter konnten sich um das Erstellen von Fotos oder andere Dinge kümmern. So ertönte zum Beispiel unvermittelt hinter mir die Ansage: „Wir ziehen uns mal für eine Nummer auf diese Bank zurück.“ Just in dem Moment kam ein anderer 100-km-Läufer mit seinem Betreuer um die Ecke und ich fragte geistesgegenwärtig: „Könnt ihr euch um mich kümmern, meine Betreuer ziehen sich gerade mal für eine Nummer zurück?"

Danach lachten die beiden so viel wie es ihnen nach über 50 km möglich war und ich dachte mir wieder, was für eine nette Veranstaltung das ist.

Bei der Nummer handelte es sich übrigens um einen Telefonnummernaustausch, denn telefoniert wurde fleißig an der Strecke. Franks riefen an und drückten die Daumen und sie koordinierten telefonisch, wer, wann mit wem, wo an der Strecke war. Ich hatte mein Handy auch dabei, es war schließlich Pflichtausrüstung, damit Jens seine Schützlinge gegebenenfalls erreichen konnte. Ich ging nicht verloren, musste deshalb nicht angerufen werden, aber unterwegs bekam ich einige SMS. Obwohl ich meistes keine Gelegenheit hatte diese zu lesen, konnte ich immer erkennen, wer gerade an mich dachte, da ich für meine Freunde jeweils unterschiedliche Klingeltöne programmiert habe. Das war sehr schön, wie mich meine Freunde klingelnd auch auf diesem langen Weg begleiteten.

Gegen 14 Uhr hatte ich eine Teepause, richtig mit Bank, fünf Rosinen und Blick auf die Ruhr. Solche kleinen, feinen Pausen bewirken viel und ich fühlte mich danach gut erholt. Aber die Hitze machte mir allmählich zu schaffen, so viel konnte ich nicht trinken, dass es zur Kühlung gereicht hätte. „Ich hasse die Sonne", brummte ich vor mich hin und meine Betreuer begannen mich mit Wasser zu übergießen, um mich vor einem Hitzschlag zu bewahren. Unterdessen war das nächste Zwischenziel nicht mehr ein Freund oder eine Landmarke, sondern allein der nächste Schatten. Der Weg hatte sich mittlerweile von der Ruhr weggeschlängelt und führte staubtrocken, sandig durch weitläufige Felder, in denen mich die Hitze anfiel wie ein böses Tier. Trotzdem hatte ich keinen Zweifel, dass ich das Ziel erreichen würde, ich war noch immer in meinem persönlichen Zeitplan, hatte damit gerechnet, dass es gegen Ende sehr hart werden würde. Wanderpausen wurden immer häufiger notwendig. Das fand ich angesichts der Tatsache, dass sich meine Muskeln noch immer geschmeidig anfühlten, ausgesprochen bedauerlich. Aber manchmal lief ich schon leichte Schlangenlinien, weil mein Kreislauf allmählich ärgerlich auf den Salzmangel und den Flüssigkeitsverlust reagierte. Für einen 100er braucht man eben nicht nur Muskeln. Etwa bei km 90 befiel mich der brennende Wunsch nach einer kühlen Cola, obwohl natürlich zu diesem Zeitpunkt nichts mehr kühl war, was wir mit uns führten, das Wasser war lauwarm bis heiß, die Apfelschorle schmeckte wie Spülwasser. Aber wirklich allein lassen konnte man mich auch nicht, der Weg machte ständig irgendwelche Biegungen, die ich mit meinem eingedorrten Hirn übersehen hätte und ich war deshalb sehr froh über meinen Betreuer-Frank, der mich nicht aus den Augen ließ. Da ich aber zu diesem Zeitpunkt eine Crew von vier Herren hatte, machte sich der am besten ortskundige auf und organisierte eine kühle Cola. Das sind so Erlebnisse, die sich kaum beschreiben lassen für Menschen, die nicht wissen, wie sich Hunger und Durst anfühlen, weil sie immer schon essen und trinken, bevor dieses Gefühl auftaucht. In solch einem Moment auf einem Deichrand kurz vor Duisburg, die Sonne stach auch um 17 Uhr noch unbarmherzig, kein Schatten weit und breit und dann eine kühle Cola. Das ist ein Fest. Natürlich konnte ich nur ungefähr ein Drittel der Flasche trinken, aber das ist egal, es war einer der perfekten Augenblicke, die sich später für ewig in die Erinnerung einprägen. Ähnlich genossen habe ich nur eine Cola am Mount Kenia in Afrika.

Bald nach meiner kleinen Cola-Fete gab es endlich wieder Schatten, ein Ortsschild zeigte mir, dass ich Duisburg bereits erreicht hatte und trotzdem wollte jeder Meter noch erkämpft sein. Ich wollte unbedingt laufend und nicht wandernd ins Ziel kommen, aber meine Reserven schwanden. Dann endlich tauchte das Rheinorange auf. Ein kleines Viereck noch am Horizont, aber da fingen meine Beine wieder an zu fliegen und die Herren zu lästern.

„Na, jetzt läuft sie wieder ihr Anfangstempo, da hätte sie sich auch mal eher anstrengen können."

„Gib Gas, meine Frau wartet." Und überhaupt hatten die Herren zu klagen, dass sie so lange im Fahrradsattel sitzen mussten, das wäre eine enorme Belastung und ich sollte mir nicht so viel Zeit lassen. Ich spürte, wie das Grinsen in meinem Gesicht immer breiter wurde, die witzelnden Freunde waren Musik in meinem Rücken und vor mir glänzte immer größer werdend das orangene Ziel. An der letzten Ecke tauchte Jens auf und lief die letzten Meter neben mir, wo gibt es denn sowas, dass der Organisator seine Schäfchen persönlich ins Ziel bringt? Ich kriege noch jetzt eine Gänsehaut beim Schreiben. Jens sagte leise: „Du kennst das Prozedere?" Ich wusste, was gemeint ist, die ganz persönliche Begrüßung des Rheinorange, die Wand küssen oder treten oder anspringen, jeder Tortourist hat da sein eigenes Ritual und ich glaube, ich tat alles zugleich, während Jens und mein Partner fotografierten.

Und dann stand ich an dieser orangenen Wand und freute mich wie ein Pinguin, obwohl ich nicht sicher bin, wie sich Pinguine freuen. Aber es war alles derart außergewöhnlich, dass mir kein besserer Vergleich einfällt.

Nobody kills Bambi!

Ich stand da, grinste und mir tat nichts weiter weh, ich fror nicht einmal, was sonst nach Wettkämpfen meistens der Fall ist. Ich war nur durstig und glücklich und fiel allen umstehenden Herren in die Arme, um den Jubel zu teilen. Unterwegs lange Strecken auch allein zu bewältigen, ist für mich wenig problematisch, aber ich bin sicher, im Ziel würde ich platzen, wenn da keiner wäre.

„Naja", sagten die Herren, „bisschen mehr hättest du dich ruhig beeilen können." Für sie sei es ein harter Tag gewesen, betonten sie und dabei grinsten sie in ihren coolen Gesichtern, weil ich so ansteckend vor mich hinquietschte, dass selbst die hart gesottenen Eisenmänner ein Schmunzeln riskierten.

Der Durst verging in den nächsten Tagen, das Glück nicht. Mich hat es erwischt. Lebenslänglich. Egal was wie noch kommt, die Freude bleibt. In düsteren Momenten laufe ich wieder die sonnige Ruhr entlang und erinnere mich meiner Kraft und meiner Freunde, die an meiner Seite sind.

Wie nachhaltig die Tortour wirkt, zeigte sich beim Helmut-Lauftreff vier Wochen nach der Tour. Wie immer traf ich etliche Bekannte, aber diesmal war auch ein Bambini zugegen. Wir sagten: „Hey, hallo, wie ist es dir noch ergangen?" zur Begrüßung und dann waren wir 10 km lang bergauf und bergab in ein intensives Gespräch über Trinkpausen, Sonnenstunden, Betreuer und die Ruhr vertieft. Das Weitmarer Holz und der Rest der Welt waren verschwunden, während wir in unserer Tortour-de-Ruhr-Blase vor uns hin plauderten. Gemerkt habe ich das erst, als mein Helmut-Spezl, mit dem ich sonst immer den Lauf verquatsche, plötzlich brummte: „Ich laufe jetzt auch mal 100 km, damit ich mich so viel mit dir unterhalten kann."

So ist das eben, wer 100 km in etwas mehr als 12 Stunden verpackt, hat das Leben ungefähr verachtfacht.

Die 5-km-Herausforderung

In meiner Straße habe ich kürzlich ein Tomatencasino entdeckt. Da war ich gedanklich wohl eher bei leckerem Bruschetta als bei Automatenspielern. Darüber hinaus las ich im schönen Otterndorf aus bisher ungeklärten Gründen „Bier von heute“ auf dem Schild, das eigentlich mit „Hier war Goethe“ betextet ist. Verhören passiert mir noch leichter als verlesen: Sehr nett war es zum Beispiel, als ich auf einer Geburtstagsparty „Hier ist die Eva“ verstand während ein Frank seine Bierflasche weiter reichte. In Wirklichkeit hatte er „Hier ist die Hefe“ gesagt.

Seitdem halte ich es für möglich, dass auf dem Grund von Bierflaschen kleine Frauen wohnen und Goethe Biertrinker war.

Sich etwas mitzuteilen, ist eben ziemlich schwierig. Wir lesen und hören oft nur das, woran wir denken, und nicht das, was gesagt oder geschrieben wurde.

So kommt es, dass viele „50 km" verstehen, wenn ich von 5 km rede. Das ist auch wirklich näher zusammen als die Hefen-Eva oder der Tomatenautomat, aber die kleine Null hat es in sich. Zwischen 5 und 50 km liegen nicht nur 45 km, sondern eine ganze Welt.

Jedenfalls war mein nächstes Ziel nach dem 100er ein 5-km-Lauf. Das konnten sich viele nicht vorstellen. Sie dachten immer, ich hätte da etwas verwechselt und würde einfach das „zig" verschlucken. Die meisten wissen, dass 5000 Meter in meiner Ultralaufplanung eigentlich nicht vorkommen. Das Doppelte brauche ich zum Warmlaufen. Ein Ackergaul ist schließlich kein Rennpferd. Und es gibt den Spruch: Für fünf (respektive zehn) km ziehe ich die Schuhe doch nicht an. Auch wenn das für Außenstehende etwas versnobt klingen mag, gewöhnen sich die meisten Insider relativ schnell an diese Betrachtungsweise. Das ist sozusagen der Bodensatz des mentalen Trainings, es gibt eine gewisse Kilometerzahl, die fast unsichtbar für den Ultraläufer im Dunkeln stecken bleibt.

Aber wer sich gar nicht mit diesem Bodensatz befasst, hat auch etwas verpasst. Um eine Kurzstrecke genauso abenteuerlich zu finden wie einen Ultra, muss man nur ein bisschen genauer darüber nachdenken, dann kommt das ganz von alleine.

Die übliche Betrachtung eines Ultraläufers ist: Für 50, 60 oder 100 km ist es ziemlich egal, ob ich bei Kilometer Zwei oder Vier ein wenig gehe, statt zu rennen, weil mein Trinkgurt nicht sitzt oder Ähnliches. Das zahlt sich später aus, weil ich dann keine Druckstellen oder Blasen habe. Aber die Erkenntnis des Kurzstreckenläufers heißt: Für einen 5-km-Lauf gibt es kein „später", alles ist sofort. Warm laufen muss sich jeder vorher und wer unterwegs eine Pinkelpause braucht, hat sowieso verloren.

Ohne den alljährlichen Firmenlauf wäre ich wahrscheinlich nicht auf die Idee gekommen, mich bei so einer Veranstaltung anzumelden. Aber nun gilt Laufen mittlerweile als gesund und förderlich für alles Mögliche und deswegen sollen die Mitarbeiter der Betriebe am Kemnader See in Bochum entlang laufen, um anschließend im Beach Club Party zu feiern. Tatsächlich hat das bei unserem Forschungsinstitut funktioniert, einige Neugierige ließen sich mitreißen und schnürten die Laufschuhe. Alljährlich startet also eine nette Truppe und rennt die 5 km. Gewinnen kann man entweder einen Preis für die kreativste Kostümierung oder für die schnellste Firma. Im Verkleiden sind wir nicht so phantasievoll, also versuchen wir mit Tempo auf unsere Forschung aufmerksam zu machen. Geschwindigkeit ist bekanntlich ein dehnbarer Begriff, aber da der Firmenlauf nicht Olympia ist, gehöre ich zu den schnellen unserer Gruppe. Das ist nun eine Verantwortung, die mich durchaus motiviert, mein Bestes zu geben. Das Beste für mich wäre zwar ein 50-km-Firmenlauf – aber das finden die Veranstalter wohl nicht so werbewirksam. Deswegen dachte ich also darüber nach wie sich so eine kurze Strecke sinnvoll in Angriff nehmen lässt – und entdeckte eine neue Welt!

Mein Partner sprang mal wieder als Trainer ein und scheuchte mich über den Sportplatz, bis ich mühsam nach Wasser lechzte. Nach einer Trainingseinheit von nur einer Stunde war ich ziemlich ausgelastet und wir konnten Eis essen gehen, was auch mal keine schlechte Tagesplanung ist. Auch die mentale Vorbereitung erforderte natürlich ihre

Zeit. Schließlich bin ich von früh auf daran gewöhnt, niemals meine letzten Reserven zu verausgaben. Wer im Gebirge wandert und auf dem Gipfel keine Energie mehr für den Abstieg hat, ist genauso übel dran wie ein Ultraläufer, den mitten im Wald die Kräfte verlassen. Das heißt, wenn ich mich anstrenge, sitzt bei mir im Hinterkopf immer ein kleines grünes Männchen, das sagt: „Überleg dir gut, ob du das noch acht Stunden durchhältst!"

Aber nun braucht kein Mensch acht Stunden für fünf Kilometer und deswegen musste ich das Männchen dressieren und ihm beibringen zu rufen: „Gib Gas, du bist gleich da!"

So einigermaßen hat das dann auch funktioniert. Trotz schwüler Hitze schaffte ich die Kurzstrecke in 24 Minuten und gemeinsam mit meinen flotten Kolleginnen konnten wir uns über einen Pokal in der Teamwertung freuen.

Aber noch mehr gefreut hat mich, dass ich hinterher mit meinen Freunden genauso lange über die fünf Kilometer diskutieren konnte wie über einen ausgewachsenen Ultra. Wie lange muss ich mich warm laufen, welche Schuhe sind günstig, welche Renntaktik verfolge ich, welche Vorbereitung ist sinnvoll, was kann ich vorher essen?

Eine Strecke muss also nicht notwendigerweise länger werden, um Interesse zu wecken. Es kommt einfach ganz entscheidend auf den Blickwinkel an. Es gibt beim Laufen immer wieder neue Perspektiven zu entdecken. Jan Fitschen hat mich da zum Beispiel auch inspiriert. Nun kann ich zwar normalerweise nicht mit einem Europameister laufen, selbst wenn er bei mir um die Ecke trainiert. Aber als echter Profi kann Jan im Gegensatz zu meinen Franks auch beliebig langsam laufen. Der Lauftreff am Kemnader See wird gelegentlich durch seine Gesellschaft bereichert und dann plaudert er mit dem gemeinen Laufvolk. Da wurde er unter anderem gefragt, was denn eine günstige Strategie für ein Rennen wäre. Darauf sagte er sehr klug: „Das kommt darauf an, ob ich gewinnen will oder nur eine schnelle Zeit laufen."

Über diese Antwort war ich zunächst verblüfft, weil ich dachte, schnell sein und gewinnen gehören zusammen. Aber Jan erklärte, wie der Läufer mal eben in einer Kurve oder an einem Berg das Tempo anziehen und dabei prüfen kann, ob seine Konkurrenten mithalten. Schnell oder nicht, wer zuerst im Ziel ist, hat gewonnen. Da gehört die Einschüchterung wohl genauso dazu wie beim Pokerspiel.

Das hat für mich auch ein neues Licht auf mein Frank-Training geworfen. Möglicherweise wollen die Herren mit ihren „ich-teste-mal-an"-Sprints nur prüfen, ob sie mich einfach abschütteln könnten, wenn sie wollten. Natürlich wollen sie das nicht, aber ich nehme an, es fühlt sich besser an, wenn es noch Entscheidungsspielraum gibt. Ich habe in dieser Hinsicht nur die Option lange genug zu laufen, da lasse ich irgendwann die meisten Franks hinter mir. Aber auf kürzerer Strecke kann ich mich höchstens disstanzieren, indem ich in die andere Richtung laufe. Aber warum sollte ich das tun? Manchmal ist es für mich in Ordnung, einem Mann hinterher zu laufen. Und letztlich ist es sowieso die eigentliche Herausforderung, sich auf die eigenen Ziele hin zu bewegen. Ob das nun 5 oder 50 km sind und wie viele Menschen in die gleiche Richtung laufen, das ist nur ein Nebenschauplatz.

Malle, Willi und wie es weiter geht

Sportler haben mit Tanzmäusen gemeinsam, dass sie sich in gewisser Weise im Kreis drehen. Wenn sie ein Ziel erreicht haben, geht alles wieder von vorne los.

Manche Franks und Helmuts sollen zwar während der Wettkämpfe schon darüber nachgedacht haben, ob das eigentlich sinnvoll ist, was sie da machen. Aber weil Kegeln dann doch keine Alternative ist, stehen sie kurz darauf wieder in der nächsten Starterliste.

Meine Schwester hat mich vor ein paar Monaten gefragt, wieso das eigentlich Spaß macht, morgens um vier Uhr aufstehen, in kalten Seen schwimmen und in der sengenden Sonne vertrocknen. Ich habe ihr dann etwas von den Buchthaien erzählt, die jedes Nordsee-Schwimmen mit buntem Spielzeug und belegten Brötchen kombinieren oder von den Plauderläufen, die ohne Urkunden, aber mit vielen Gesprächen ausgestattet sind. Aber das Witzigste ist eigentlich, dass es gar nicht immer Spaß macht. Warum auch? Die Tage, an die wir uns später erinnern, sind die lebendigsten, nicht die angenehmsten.

Deshalb heißt es: Nach dem Spiel ist vor dem Spiel. Nach meinem 100-km-Lauf tauchte entsprechend schnell die Frage auf, was mein nächstes Ziel sei. Ob ich demnächst die 230 km laufen wolle oder was es sonst so gäbe.

230 km am Stück laufen will ich nicht, jedenfalls bisher nicht. Solange ich noch nicht an präseniler Bettflucht leide, bin ich nachts lieber im Bett und mache höchstens für den Steppenhahn eine Ausnahme.

Ich habe meinen heiß ersehnten 100-km-Bambini gehabt und das war toll. Trotz der Hitze und des Durstes am Schluss, ich habe es genossen. Elf Stunden draußen unterwegs sein, hätte als Tagesprogramm vielleicht genügt, aber bei guten Konzerten gibt es schließlich auch Zugaben.

Mal wieder mehr tanzen, Klavier spielen und Theater spielen, das waren meine ersten Gedanken nach der Tortour de Ruhr. Dann hat mich der 5-km-Lauf fasziniert. Ich habe viele Interessen und jeder Tag zu wenig Stunden.

Lange Läufe werden aber sicher noch viele folgen, vielleicht auch ein 100er, einfach weil ich so viele Menschen kenne, die sich zum Quatschen nicht in die Kneipe setzen, sondern durch die Hagener oder Hattinger Hügel düsen und dabei Witze reißen.

Heimat ist in unserer vielschichtigen Welt ein schwieriger Begriff geworden, aber mir fällt mit als Erstes dazu ein, irgendwo zwischen nervösen Läufern am Start zu stehen und das Piepsen der GPS-Uhren zu hören.

Nach der Tortour flog ich mit meinem Liebsten erst einmal in Urlaub. Mallorca all inclusive. Drei Mal täglich Buffet und zwischendrin Cocktail und Kuchen. Ich habe in den zwei Wochen trotzdem noch ein Kilo verloren, weil mir die Schlaraffenlandmentalität nicht so liegt und wir mehr sehen wollten als Pommes und Paella. Morgens stolperten wir über sandige Naturschutzwege, tagsüber sausten wir per Rennrad zu den entlegensten Flecken und an den sogenannten Ruhetagen lieferten wir uns Schwimmwettkämpfe in Pool und Meer. Dazwischen blieb aber noch genug Zeit, faul auf der Haut zu liegen, schließlich hatten wir weder zu arbeiten, noch zu kochen.

Übrigens hat mich der Mallorca-Urlaub hinsichtlich Rennrad fahren total nach vorne gebracht. Zum ersten Mal habe ich den Kampf mit den Klickpedalen eindeutig gewonnen und bin ohne Loch im Knie nach Hause gekommen, obwohl mir das fest gekoppelt sein nach wie vor Herzklopfen bereitet. Mein Leihrad, kurz Willi genannt, entpuppte sich als sehr kooperativ. Die ersten Touren fuhr ich zwar fast nur mit dem linken Pedal, aber selbst das funktionierte. Und nachdem mein Liebster noch eine Weile an Willi herum geschraubt hatte, konnten wir uns auch rechtsseitig verklickern. Die Verbindung war so fest, dass ich Willi für einen Schnäppchenpreis mit nach Deutschland nahm. Dort hatte ich nämlich eine leere Garage für ihn. Ein Auto steht dort sowieso nicht, aber normalerweise drei Fahrräder von denen mir zwei kurz vor dem Urlaub gestohlen worden waren. Auch meine liebe preisgekrönte Mücke (siehe Kapitel „Der härteste Tag“) blieb von den Dieben nicht verschont, obwohl ich mir kaum vorstellen kann, dass ein stählerner Oldtimer mit rosa Lenkerband und Elefantenhupe von einem anderen Besitzer akzeptiert wird. Meine Franks meinten, wahrscheinlich wäre die Mücke längst im Hall-of-Fame-Himmel. Mein Vermieter tröstete mich dagegen damit, dass so etwas seit 1968 nicht mehr vorgekommen wäre und im Haus gegenüber hätten sie sogar die Regenrinnen abgebaut, um das Kupfer zu gewinnen. Mich hat das nicht wirklich beruhigt und ich habe meinem Willi noch eine extra Kette gekauft, obwohl solche leichten Jungs doch sogar Klingeln und Licht als überflüssigen Ballast ansehen. Im Gegensatz zu seinem rosaroten Vorgänger hat der Willi nicht mal einen Gepäckträger. Die Zeit für solche praktischen Spielereien ist vielleicht einfach abgelaufen. Meine Ausrüstung passt sich allmählich der üblichen Frank-Ausstattung an. Jetzt kann ich zwar keine Stofftiere mehr einpacken, aber dafür steigen die Aussichten, dass mich ein Frank mitnimmt.

Ich hoffe, dass die Zeit für meine Franks und die Ultrafamilie nie abgelaufen ist, sondern dass wir uns später zur Rollatorparty treffen und wenn es mit den Beerdigungen losgeht, könnten wir ja wenigstens mit dem Rad hinfahren. Für meine Grabstein-Inschrift weiß ich auch schon zwei Alternativen: „Guck nicht so doof, ich läge jetzt auch lieber am Strand" oder einfach kurz: „Ich habe gelebt!"